Praxis Buch

Erlebnis Mathematik 1×1

Primarstufe

Das Einmaleins erarbeiten und üben

- Audio-CD mit Liedern zum Einmaleins
- Differenzierende Bewegungsanleitungen
- Zahlreiche Arbeitsblätter und Vorlagen
- Einmaleins-Rennbahnen

Christina Buchner
Lieder: Ursula Heist, Contenti Music
Illustrationen: Susanne von Poblotzki

SCHUBI®

Mitwirkende Audio-CD:

Ursula Heist (Produktion, Konzept, Texte, Vocals)
Christina Buchner (Lektorat, fachdidaktische Beratung)
Uli Gitschier (Produktion, Seraphon Tonstudio, Vocals)
Ralph Küker (Komposition, Gitarre, Keyboard)
Benjamin Berthold (Komposition, Drums)
Stefanie Karn (Vocals: Hexe Gundula)
Walter Golczyk (Vocals: Lehrer Brause, Harp)
Eberhard Busch (Vocals: Lehrer Krause)
Christoph Roth (Vocals: Ali Bappo)
Aline Horn (Vocals)
Janin Schmierer (Vocals)
Jonathan Busch (Vocals)
Max Fröhlich (Vocals)
Laura Detcheva (Vocals)
Fabiana Salerno (Vocals)
Pablo Heist (Vocals)
Leonie Hesselschwerdt (Vocals)
Isabel von Bachmann (Vocals)
Marla Leuther (Vocals)
Lucas Wenzel (Vocals)

CH-8207 Schaffhausen

service@schubi.com
www.schubi.com

1. Auflage 2009

ISBN 978-3-86723-204-3

No 241 47

Vorwort

Liebe Leserin, lieber Leser,

dieses Praxisbuch soll nicht einfach „irgendwelche“ Arbeitsvorschläge zum Einmaleins liefern, sondern jede Aufgabenart dient einer konkreten didaktischen Absicht und findet darin ihre Rechtfertigung.

Zwei grundlegende didaktische Fragen stehen im Mittelpunkt:

- Wie kann Kindern das Verständnis der mathematischen Struktur von Einmaleins- und Divisionsaufgaben vermittelt werden, sodass sie nicht nur mechanisch und auswendig mit den gelernten Einmaleinssätzen arbeiten?
- Wie können die Einmaleinsreihen, nachdem verstanden wurde, was „mal“ eigentlich bedeutet, dauerhaft im Gedächtnis verankert werden?

Alle Arbeitsblätter, die Sie in diesem Buch vorfinden, sind vor dem Hintergrund dieser Fragen erstellt und im Unterricht erprobt worden. Zu den Kopiervorlagen finden Sie zahlreiche Hinweise und Erklärungen sowie Vorlagen, um weitere Arbeitsblätter nach den vorgegebenen Mustern oder auch nach Ihren eigenen Ideen zu erstellen.

Eine wichtige Rolle spielt handelndes Lernen sowie Lernen mit verschiedenen Sinnen. Die Lieder der 1 x 1-Hitparade von der beigelegten Audio-CD sind eine wertvolle Ergänzung beim Speichern der Einmaleinsreihen und beim Verankern im Langzeitgedächtnis. Wie Sie die Lieder im täglichen Unterricht einsetzen können, wird zu jeder Reihe genau erklärt.

Der Zugang zum Einmaleins wie er hier vorgestellt wird, ist ungewöhnlich, aber es lohnt sich herkömmliche Wege zu verlassen. Ich arbeite seit 15 Jahren auf diese Weise und habe die Erfahrung gemacht, dass die gefürchteten Einmaleinsaufgaben von den Kindern überhaupt nicht als monoton und langweilig erlebt werden.

Bewegungsübungen, Aufgaben, die alle „zum Fressen gern“ haben, und der Anreiz der Einmaleins-Rennbahnen sorgen dafür, dass Rechnen spannend bleibt, dass jeder Erfolgschancen hat und dass der emotionale Aspekt beim Lernen nicht zu kurz kommt. Die Einmaleinslieder bereichern den Unterricht und motivieren die Kinder zusätzlich.

Ich wünsche Ihnen, dass Sie gemeinsam mit Ihren Schülerinnen und Schülern die Freude am Einmaleins und den damit verbundenen Rechenmöglichkeiten entdecken!

Christina Buchner

Inhalt

Zum Aufbau dieses Buches

In einem knappen theoretischen Vorspann (Seite 6-10) wird Grundsätzliches erklärt, das Sie wissen sollten, bevor Sie sich den praktischen Vorschlägen zuwenden.

Durchführungshinweise zu den einzelnen Aufgaben, Tipps und Erklärungen finden Sie jeweils vor den entsprechenden Arbeitsblättern. Lösungen zu einzelnen Arbeitsblättern finden Sie ganz am Ende des Buches.

Die Arbeitsblätter sind wie folgt geordnet:

- *Einführende Aufgaben zum Prinzip des Rechnens mit der dritten Grundrechenart „Multiplikation“*
  Diese Blätter enthalten Aufgaben aus allen Einmaleinsreihen. Hier geht es um das Begreifen der mathematischen Struktur des Malrechnens. Es werden verschiedene Möglichkeiten vorgestellt, wie Ergebnisse ermittelt werden können. Auch Sachaufgaben werden angeboten.
- *Lieder zu den einzelnen Einmaleinsreihen und dazu passende Arbeitsblätter*
  Diese Blätter können gut bearbeitet werden, während das entsprechende Einmaleinslied gehört wird. Zu jedem Lied gibt es Vorschläge für Bewegungsübungen in zwei Schwierigkeitsgraden.
- *Einmaleinsrennbahnen und Vorlage zum Abfragen*
  Damit wird die Automatisierung der Einmaleinssätze angebahnt und unterstützt.
- *Divisionsaufgaben auf zwei Arten – Verteilen auf x Mengen und Einteilen in lauter gleiche Mengen mit x Elementen*
  Diese Unterscheidung von Verteilen und Einteilen ist für die meisten Kinder sehr schwierig. Damit wirklich verstanden wird, was beim Teilen eigentlich gemacht wird, muss dieser Unterschied aber begriffen werden. Hier wird eine Möglichkeit vorgestellt, ihn handelnd zu erfahren. Auch zum Thema Teilen sind Sachaufgaben enthalten.
- *Übungsblätter mit Rechengittern / Blankovorlage*
  Die Rechengitter bieten eine gute Möglichkeit, die Reihen in kleinen Portionen zu üben.

Einmaleins zum Verstehen und nicht nur zum Auswendiglernen

Früher wurde das Einmaleins „klassisch“ über die Reihenaddition eingeführt. Es wurde als selbstverständlich angenommen, dass sich für Kinder aus der Addition 7 + 7 + 7 + 7 zwangsläufig die Multiplikation 4 mal 7 ergeben muss.

Auch heute gibt es noch Rechenbücher, die so vorgehen. Wittmann und Müller üben in ihrem „Handbuch rechenpraktischer Übungen“ daran Kritik, und dieser Kritik kann ich mich nur anschließen:

Es ist meiner Erfahrung nach für Kinder überhaupt nicht zwingend, aus 7 Blumenvasen mit je 5 Tulpen die Addition 5 + 5 + 5 + 5 + 5 + 5 + 5 abzuleiten. Gerade wenn wir Verständnis, Überblick und bildhaften Zugang zu mathematischem Verständnis anstreben, ist das mechanische Zergliedern von Multiplikationen in Reihenadditionen hinderlich. Kein Mensch rechnet so, darum wurde ja die Multiplikation erfunden!

Zugang zum Einmaleins über den natürlichen Sprachgebrauch – das Ästediagramm

Alle Kinder haben das Wörtchen „mal“ in ihrem Sprachschatz und kennen genügend Alltagssituationen, in denen der Begriff „mal“ vorkommt:
Das habe ich dir schon 3-mal gesagt!, mahnt die Mutter.
Ich bin schon 5-mal vom Dreimeterbrett gesprungen, freut sich die Schwester.
Lea hat mir 4-mal die Zunge herausgestreckt!

Wenn nun ein Bild wie dieses hier von den Blumen öfter auftaucht, so ist es für ein Kind wesentlich einfacher zu sagen „Ich sehe die zwei Blumen 4-mal“ als zu rechnen „Ich sehe 2 + 2 + 2 + 2 Blumen.“

Deshalb gehe ich an Einmaleinsaufgaben über die Alltagssprache des Kindes heran und lasse die Aufgabe 4 mal 2 einfach anschreiben, indem viermal die Zahl 2 auf das Blatt geschrieben wird. Damit ganz deutlich wird, dass es vier einzelne Zahlen sind und nicht eine einzige große Zahl (2222), wird jeder Zweier eingekreist.

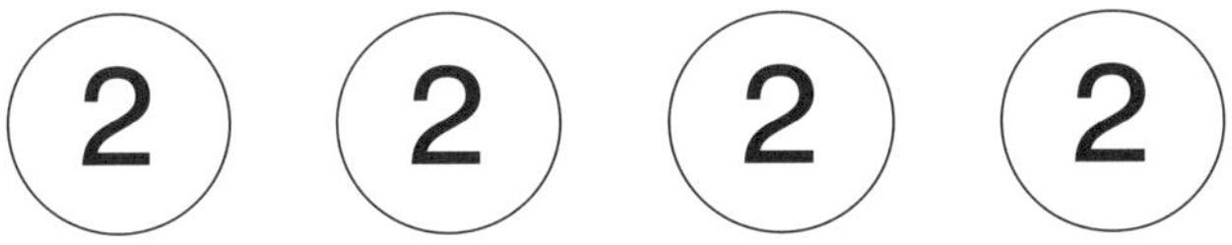

Und nun werden jeweils zwei Zahlen zu einer größeren „zusammengeschoben“. Das wird durch Äste verdeutlicht.

Aus je zwei Zweiern wird ein Vierer, aus den beiden Vierern ein Achter. Das Ergebnis ist zu sehen: 4 mal 2 = 8.

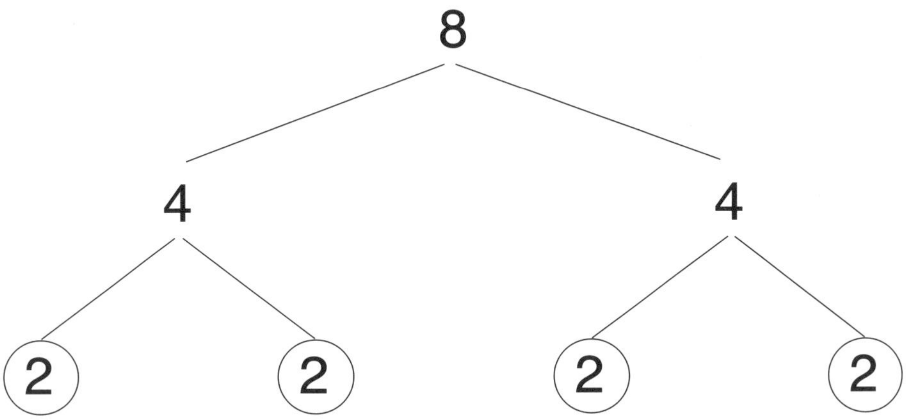

Die Rechnung wird auch mit dem Wörtchen „mal“ und nicht mit dem Rechenzeichen angeschrieben, damit wir zunächst so nahe wie möglich am natürlichen Sprachgebrauch bleiben.

Lernen durch Handeln und Erleben

Einmaleins „zum Fressen gern" (Seite 20-22)

Die Arbeit mit Rosinen, Nüssen und Sonnenblumenkernen ermöglicht Handeln parallel zum Notieren der Ästediagramme. Da die „verdienten" Sachen hinterher aufgegessen werden dürfen, findet hier wirkliches „Einverleiben" statt.
Wie genau vorgegangen wird, wird ab Seite 20 erklärt.

Arbeit am Punktefeld mit einem Abdeckwinkel (Seite 25)

Ein Abdeckwinkel wird so auf ein Hunderter-Punktefeld gelegt, dass nur ein Teil sichtbar bleibt, z. B.

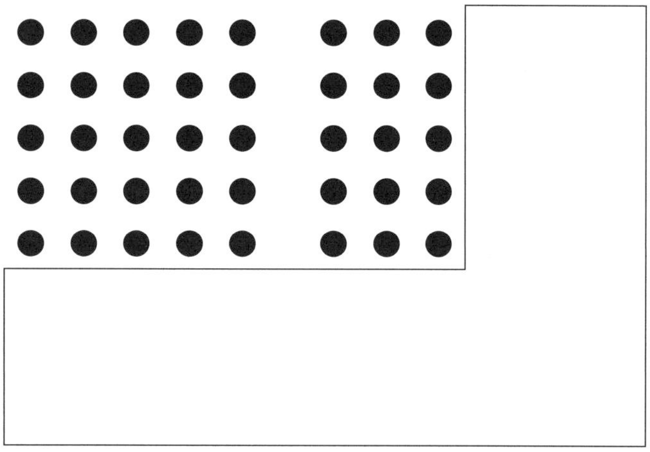

Dieses Punktebild passt zur Aufgabe 5 mal 8, wenn man sich 5 Querstangen durch die Kugeln vorstellt. Auf den Seiten 12 und 25 wird genau erklärt, wie vorgegangen wird.

Arbeit an Rechtecken (Seite 26 und 28-31)

Auch über die einzelnen Quadrate eines Rechtecks kann das Ergebnis einer Malaufgabe ermittelt werden:

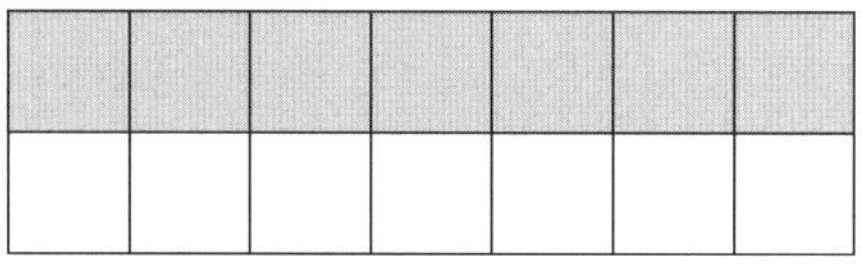

Zwei Reihen mit je 7 Quadraten sind zwei „Siebenerstangen" und bedeuten 2 mal 7.

Handelndes Teilen (Seite 124-138)

Auf den Arbeitsblättern 35 bis 41 wird das Thema Teilen behandelt. Als unterstützendes Material können Bohnen oder Rechenplättchen verwendet werden. Wenn Sie eine Möglichkeit haben sich günstige Perlen zu beschaffen, verfügen Sie über ein Material, das besonders vielfältig verwendbar ist. Ich habe in meinem Klassenzimmer große Mengen von blauen und roten Linsenperlen. Linsenperlen sind oben und unten abgeflacht und rollen deshalb nicht davon. Sowohl bei der Demonstration von Aufgaben im großen Kreis als auch in der Freiarbeit kann damit hervorragend gearbeitet werden.

Wie kommt das Einmaleins ins Langzeitgedächtnis?

Über die handelnde Beschäftigung mit Einmaleinsaufgaben bleiben bereits einige Einmaleinssätze „ganz nebenbei“ im Gedächtnis hängen. Wichtig ist aber, ausdauernd und gezielt am wirklichen Beherrschen aller Einmaleinssätze zu arbeiten (s. Kapitel „Mit Riesenschritten zur Automatisierung“, Seite 54).

Mit Musik geht es besser

Die im Buch enthaltene CD kommt auf ideale Weise zum Einsatz: Zunächst einmal wird das Lied bewusst angehört. Dabei haben die Kinder den Liedtext vor sich und können mitlesen.

Bei einem zweiten Anhören wird manch ein Kind schon mitsingen. Ich lasse Kinder, die das möchten, die Illustration auf dem Textblatt ausmalen und eventuell ergänzen. In der Folgezeit beginnt jede Rechenstunde mit dem Lied, das zur gerade aktuellen Einmaleinsreihe passt.

Das Besondere an den Liedern:

- Auf sehr eingängige und motivierende Weise werden die ganzen Einmaleinssätze immer wieder gehört.
- Die Einmaleinssätze sind in Melodien eingebettet, die den Kindern gefallen, auch das ist ein weiteres Plus für das Speichern der Aufgaben.
- Es werden nicht nur Ergebniszahlen, sondern wirklich ganze Sätze (7 mal 2 ist 14) gesungen. Dadurch kann die Assoziation zwischen Aufgabe (7 mal 2) und Lösung (14) erfolgen. Nur diese Art der Speicherung ermöglicht später ein rasches Abrufen, wenn Ergebnisse benötigt werden. Wer für 7 mal 2 erst mühsam die Reihe an den Fingern abzählen muss (2 – 4 – 6 – 8 – 10 – 12 – 14), wird nie ein souveräner und geläufiger Rechner werden.

Verschiedene Beschäftigungmöglichkeiten begleitend zu den Liedern:

- Bearbeiten der zur Reihe passenden Arbeitsblätter
- Aktives Mitsingen
- Bewegungsübungen: Dabei werden Muskeln und somit auch die entsprechenden Neuronen im Gehirn aktiviert. Was zusammen mit Musik und Bewegung gelernt wird, lässt sich leichter speichern. Vorschläge für Bewegungsübungen finden Sie jeweils nach dem Liedtext für die Kinder.

Einmaleins im Schlaf beherrscht

Damit die Einmaleinsreihen wirklich „im Schlaf“ beherrscht werden, müssen sie eine Zeit lang täglich geübt werden. Dafür sind Einmaleinskärtchen geeignet. Eine Beschreibung finden Sie auf Seite 54, die Vorlage für Blankokärtchen auf Seite 56.

Auf dem Weg zum Einmaleinsprofi mit der Rennbahn

Ob es um Englisch- oder Französischvokabeln oder um Einmaleinssätze geht: Was gelernt werden soll, muss auch abgefragt werden, sonst fehlt den meisten Kindern für ausdauerndes Lernen die Motivation. Die Einmaleinsrennbahnen (Seite 61-64) bieten eine sehr motivierende Möglichkeit für das tägliche Abfragen der gelernten Reihen und machen den Kindern eigene Fortschritte sichtbar.

Ganz im Vordergrund steht bei jedem Kind der Wunsch, auf der eigenen Rennbahn voranzukommen. Ich arbeite seit vielen Jahren mit solchen Rennbahnen und freue mich immer wieder, wie sehr auch unsere „modernen" Kinder mit etwas Einfachem und Kindgemäßem noch zu begeistern sind. Auch schwache Rechnerinnen und Rechner bekommen den Ehrgeiz, mit einer Rennbahn fertig zu werden und die nächste zu bekommen.

Wie die Rennbahnen und die Abfrageblätter eingesetzt werden, wird ab Seite 57 erklärt.

Sachaufgaben – die Krönung des Ganzen

Wirklich verstanden ist eine Rechenart dann, wenn ihre Struktur in der Einkleidung durch eine Sachaufgabe erkannt, richtig eingesetzt und dazu auch noch das richtige Bild gezeichnet wird. Deshalb finden sich immer wieder Arbeitsblätter mit Sachaufgaben, die auch eine Anregung liefern sollen, selbst weitere Aufgaben zu erfinden.

Abschließende Übung zum Festigen des Gelernten

Ganz zum Schluss (ab Seite 139) finden Sie zwei Arbeitsblätter mit Übungen zu den Einmaleinsreihen, die gut als Hausaufgabe, in der Freiarbeit oder auch während der Rechenstunde zur Stillarbeit verwendet werden können. Auch hier sollen die Blätter eine Anregung zur Gestaltung eigener Übungen sein, weshalb auch eine Blankovorlage beigefügt ist.

Hinweise Arbeitsblatt 1-6

Arbeitsblatt 1

Hier wird im Vorfeld mit Zahlen experimentiert bzw. über sie nachgedacht. Später sehen die Kinder, dass alle Zahlen der Zweierreihe gerade Zahlen sind.

Arbeitsblatt 2

Hier geht es um lauter gleich große Mengen: Immer zwei.

Arbeitsblatt 3

Auf diesem Arbeitsblatt ist das Ergebnis noch nicht wichtig. Die Kinder sollen einen Begriff davon bekommen, was es bedeutet, eine bestimmte Zahl x-mal zu nehmen.

Wird diese Zahl als Menge konkreter Dinge gezeichnet, führt dies zu einer soliden Basis für die Begriffsbildung.

Arbeitsblatt 4

Die Malrechnung wird noch nicht mit dem Rechenzeichen geschrieben, sondern mit dem Wörtchen „mal", um möglichst nahe an der Erfahrungswelt der Kinder zu bleiben. Dementsprechend wird die betreffende Zahl auch so oft hingeschrieben, wie sie malgenommen werden soll. 6 mal die Zahl 3 sieht dann so aus:

Durch Äste werden immer zwei Zahlen zusammengefasst.

Je zwei Dreier ergeben einen Sechser, zwei Sechser ergeben 12, ein Sechser bleibt zunächst übrig und wird dann mit der 12 zu 18 zusammengeschoben.

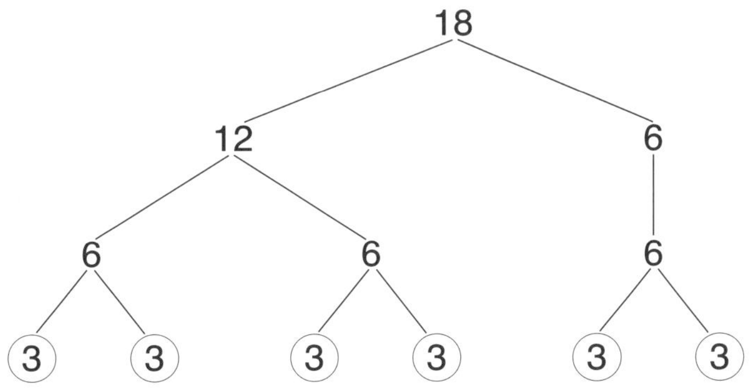

Dadurch wird die irreführende Reihenaddition vermieden. Wir arbeiten jetzt mit der dritten Grundrechenart, mit „mal". Das ist etwas anderes als das Addieren. Dieses „Andere" zeigt sich dem Kind auch in der veränderten Schreibweise: Es wird eine Zahl öfter angeschrieben, so oft, wie sie malgenommen wird.

Das Zusammenfassen der Zahlen durch Äste ist ein Mittelding zwischen konkreter Zeichnung und abstrakter mathematischer Formelsprache. In der Symbolisierung ist noch die Handlung des Zusammenschiebens erkennbar: Durch Zusammenschieben wird aus zwei kleineren „Haufen“ ein größerer gebildet. Es ist für Kinder ganz logisch, aus zwei Dreiern einen Sechser zu machen und aus zwei Sechsern wiederum einen Zwölfer usw.

Arbeitsblatt 5

Eine Malaufgabe wird auf vier verschiedene Arten gezeichnet:

Zuerst ganz konkret mit den vier Blumenkästen, dann abgewandelt und symbolisiert durch Würfelbilder, Perlenketten und Mengenbilder.

Wer verstanden hat, was die Aufgabe bedeutet, kann sie auch auf verschiedene Arten darstellen.

Arbeitsblatt 6

Durch die Kugelreihen sollen „Stangen“ oder „Spieße“ gezeichnet werden und zwar so, dass Kugelreihen entstehen, die zur Malaufgabe passen. Für die Aufgabe 4 mal 3 müssen auf einer Stange 3 Kugeln stecken und 4 dieser Stangen vorhanden sein. Wer andersherum zeichnet (3 Stangen mit je 4 Kugeln), hat die Aufgabe nicht verstanden oder nicht genau durchdacht. Hierbei machen sehr schnell, aber flüchtig arbeitende Kinder oft Fehler und erfahren, dass auch sie gründlich arbeiten müssen, weil es mit mechanischem „Hinknallen“ einer Aufgabe nicht getan ist.

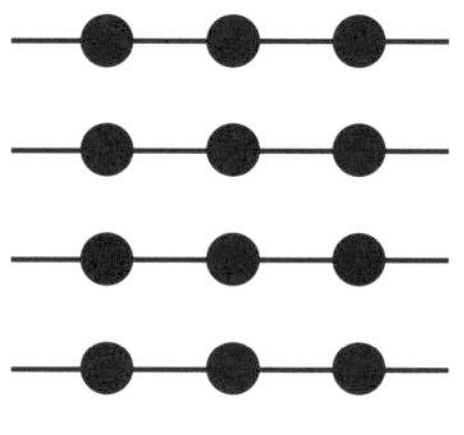

Vorlage Hunderter-Punktefelder

Mit den Hunderter-Punktefeldern auf Seite 19 lassen sich beliebig viele Arbeitsblätter zum Einzeichnen von Stangen erstellen. Sie werden sehen, dass das eine wertvolle Arbeit ist, die an das Verständnis der Malaufgaben heranführt und Ihnen deutlich zeigt, wie viel die Kinder bereits können.

Name: Datum: 1 

Gerade und ungerade Zahlen

1 – 2 – 3 – 4 – 5 – 6 – 7 – 8 – 9 – 10 – 11 – 12 – 13 –
14 – 15 – 16 – 17 – 18 – 19 – 20 – 21 – 22 – 23 – 24 –
25 – 26 – 27 – 28 – 29 – 30 – 31 ...

Forschungsauftrag:
Lege diese Zahlen nacheinander mit Bohnen, Perlen oder Plättchen.

Bei welchen Zahlen kannst du zwei genau gleich große Häufchen bilden?

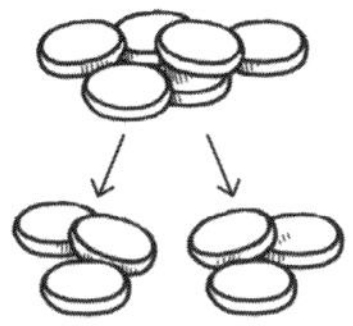

Schreibe die Zahlen in die passende Spalte.

Diese Zahlen kann man in zwei gleiche Teile teilen:	**Diese Zahlen** kann man nicht in zwei gleiche Teile teilen:
gerade Zahlen	**ungerade Zahlen**

Hast du ein Gesetz entdeckt?

____

____

Name:	Datum:	2 

Immer zwei Löffel

Bruno Bär wohnt im Wald. Er ist immer hungrig. Oft geht er zu Hexe Gundula und bettelt: „Hex mir was zum Essen!“ Gundula ist zwar sehr gutmütig, aber sie hext nur, wenn Bruno vorher gearbeitet hat. Er muss Feuerholz ins Haus tragen. Für jeden Korb bekommt er zwei Löffel Honig.

Bruno holt am Montag 2 Körbe mit Holz, am Dienstag 3 Körbe, am Mittwoch 5 Körbe und am Donnerstag 4 Körbe.

Wie viele Löffel Honig bekommt Bruno am Montag, Dienstag, Mittwoch und Donnerstag?
Zeichne und schreibe auf.

Montag
Dienstag
Mittwoch
Donnerstag

Bruno bekommt am Montag ________ Löffel Honig,
am Dienstag ________ Löffel Honig,
am Mittwoch ________ Löffel Honig,
am Donnerstag ________ Löffel Honig.

Name: **Datum:** **3**

Tiergeschichten

Im Wald und im Garten leben viele Tiere.
Male richtig in die Mengenfelder.

1.) Der Adler fliegt viermal aus dem Horst. Jedes Mal fängt er drei Mäuse.

4 mal 3 Mäuse

2.) Der Waldkauz geht auch auf die Jagd. Heute hat er kein Glück. Er erwischt nur Käfer. Fünfmal fliegt er aus und jedes Mal erwischt er 4 Käfer.

5 mal 4 Käfer

3.) Der Igel kriecht im Garten herum und sucht nach Schnecken. Dreimal läuft er durch die Beete und jedes Mal erwischt er 5 Schnecken.

3 mal 5 Schnecken

Name: | Datum: | 4 

Wie viele sind es?

Fasse die Zahlen mit Ästen zusammen. Die erste Aufgabe ist ein Beispiel und schon gelöst.

1.) 6 mal 3 Regenwürmer 

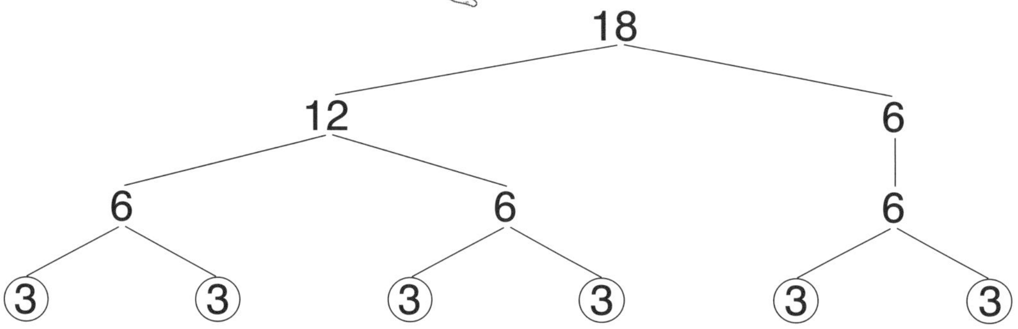

2.) 5 mal 4 Mäuse 

(4) (4) (4) (4) (4)

3.) 4 mal 2 Schnecken 

(2) (2) (2) (2)

Name: | Datum: | 5 

Immer dieselbe Aufgabe

Heute arbeitet Bruno Bär wieder für die Hexe Gundula.
Er hilft ihr beim Einpflanzen von Geranien in Blumenkästen.
4 Blumenkästen sind es insgesamt, in jeden kommen 6 Geranien.

Dazu passt die Rechnung **4 mal 6**.

Male die Blumenkästen und die Geranien darin:

Die Rechnung **4 mal 6** kannst du auch mit 4 Würfelbildern darstellen. Zeichne richtig ein:

Male 4 passende Perlenketten zur Rechnung **4 mal 6**:

Male richtig in die Mengenfelder zur Rechnung **4 mal 6**:

Name:	Datum:	6 

Kugelstangen

Malaufgaben kannst du durch Kugelstangen darstellen.

1.) Male die Stangen in die Punktebilder, sodass das Bild zur Aufgabe passt.

4 mal 3

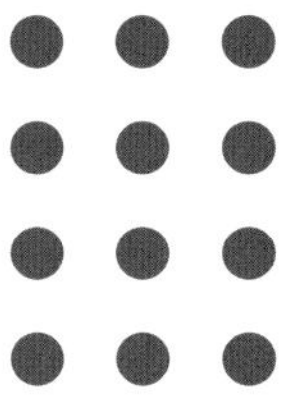

8 mal 3

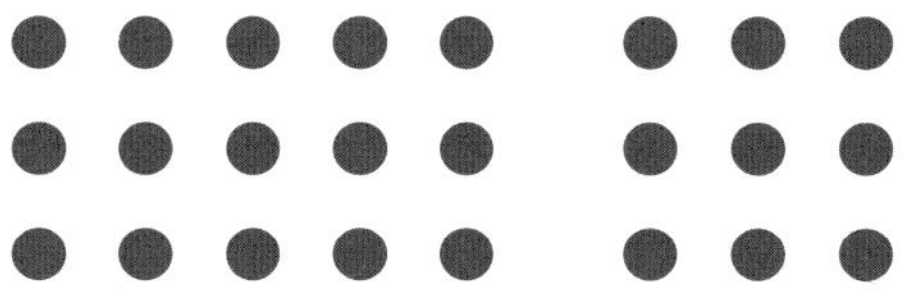

7 mal 6

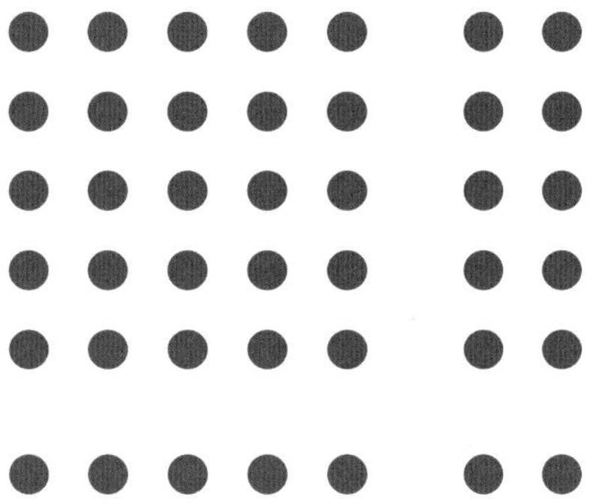

3 mal 9

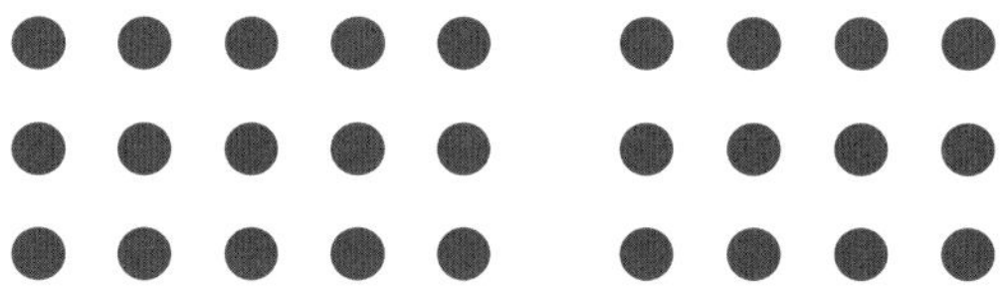

3 mal 5

8 mal 4

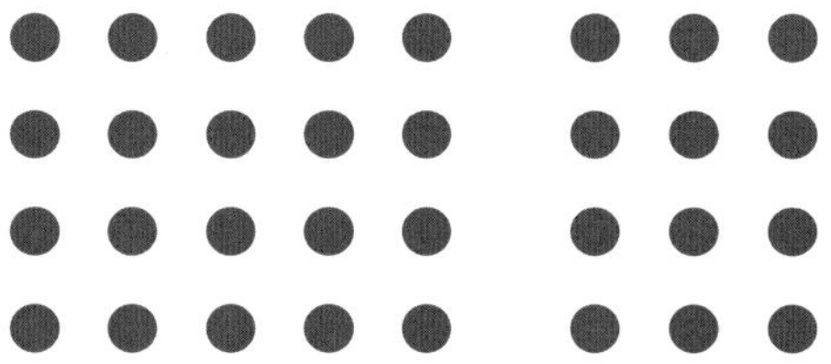

3 mal 9

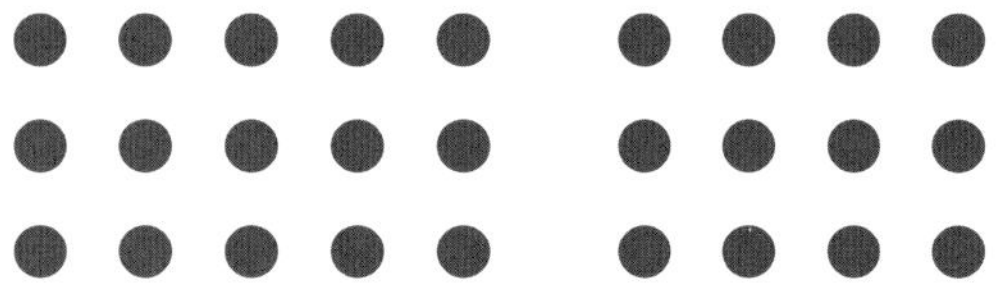

4 mal 6

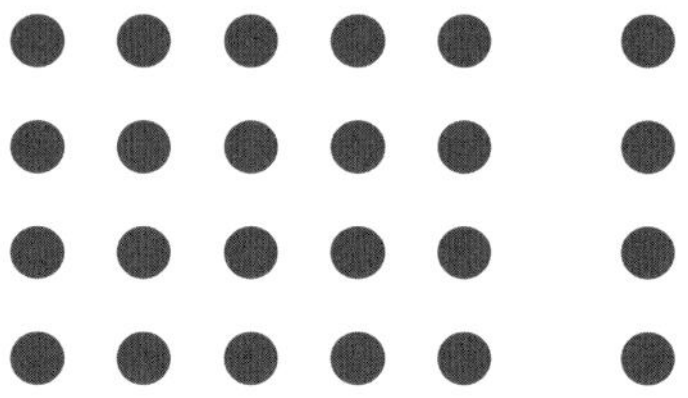

2.) Male zu jeder Aufgabe das passende Ästediagramm in dein Heft.

Vorlage Hunderter-Punktefelder

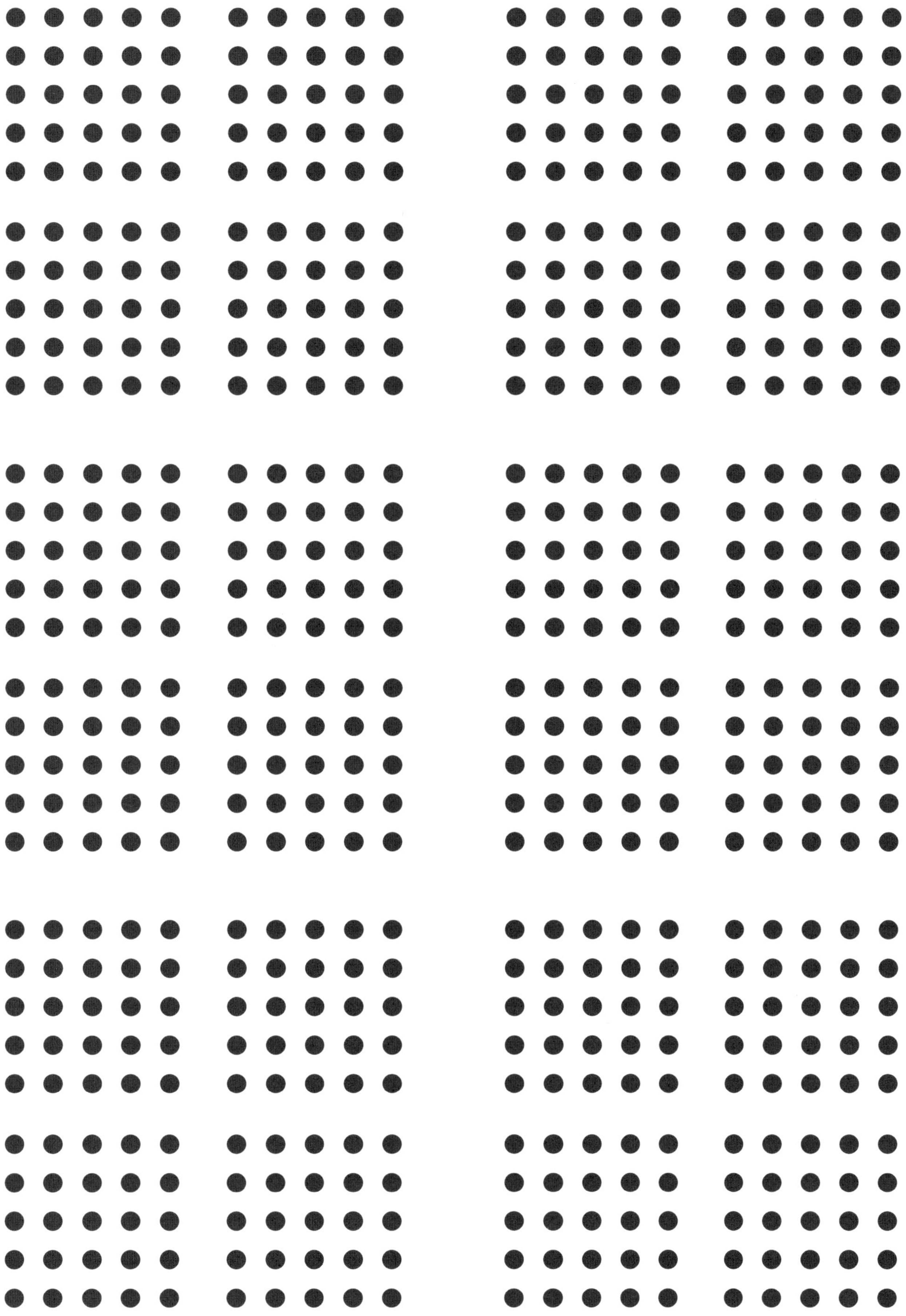

Handelndes Lernen zum Verinnerlichen der mathematischen Struktur von Einmaleinsaufgaben

Die Kinder haben nun mit Einmaleinsaufgaben Bekanntschaft gemacht. Sie haben gelernt, wie man mit Ästediagrammen Ergebnisse von Malaufgaben ermittelt. Das Erstellen von Ästediagrammen soll eine Zeit lang immer wieder gemeinsam an der Tafel geübt werden.

Eine Möglichkeit, wie das Arbeiten an Ästediagrammen mit konkretem, lustvollem und für alle Kinder sehr motivierendem Handeln verknüpft werden kann, möchte ich Ihnen hier vorstellen:

Einmaleins „zum Fressen gern“

Bei dieser Übung wird mit essbarem Material gerechnet und gehandelt, und zwar erfolgt Schritt für Schritt „erst handeln, dann rechnen, wieder handeln, wieder rechnen“, sodass die Querverbindung zwischen beidem gebildet wird. Im Anschluss an die Übung darf das Rechenmaterial aufgegessen werden. Die Kinder können sich also die Rechnungen im wahrsten Sinne des Wortes „einverleiben“.

Material bereitstellen
Für eine Klasse von 24 Kindern werden je 4 Schüsselchen oder Körbchen mit Haselnüssen, Rosinen und Sonnenblumenkernen bereitgestellt, also insgesamt 12 Schüsselchen. Unbedingt vorher abklären, ob es Kinder in der Klasse gibt, die allergisch auf Nüsse reagieren! Nun können Stationen eingerichtet werden, sodass immer zwei Kinder an einem Schüsselchen arbeiten.

Einführung an der Wandtafel
Zunächst setzen sich alle Kinder mit Rechenheft, Bleistift und Radiergummi in einem Halbkreis vor die Wandtafel. Dort wird die Arbeit erklärt. An der Tafel stehen einige Malaufgaben. Sie können von den Kindern in beliebiger Reihenfolge bearbeitet werden.

4 mal 6	3 mal 7	5 mal 8
7 mal 2	5 mal 6	8 mal 3

Es wird immer noch das Wörtchen „mal“ statt des Rechenzeichens verwendet. Gerade für rechenschwache Kinder ist das hilfreich, um eine konkrete Vorstellung der abstrakten Operation aufzubauen.

Arbeitsablauf an einem Beispiel im Halbkreis
Als Hilfsmittel zum Rechnen können die Kinder Rosinen, Nüsse oder Sonnenblumenkerne wählen. Am Beispiel Rosinen gehen die Kinder nun so vor:

1.) Von der Tafel wird eine Aufgabe ausgesucht und ins Heft geschrieben, zum Beispiel 4 mal 6 =

2.) Passend zur Aufgabe werden kleine Häufchen Rosinen gelegt. Beim Beispiel „4 mal 6“ werden 4 Häufchen mit je 6 Rosinen gelegt.

Passend dazu wird der Anfang eines Ästediagramms ins Heft geschrieben:

3.) Die Häufchen werden zusammengeschoben: Aus zwei Sechserhäufchen wird jeweils ein Zwölferhäufchen.

Im Heft werden dazu die Äste gezeichnet, die aus jeweils zwei Sechsern einen Zwölfer machen.

4.) Zum Schluss werden die zwei Rosinen-Zwölferhäufchen zusammengeschoben.

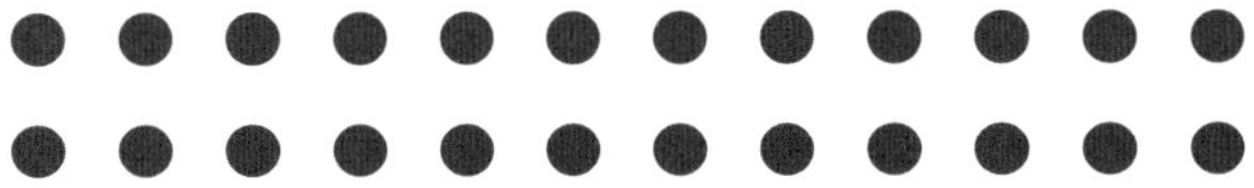

Die Ästeaufgabe im Heft wird entsprechend ergänzt:

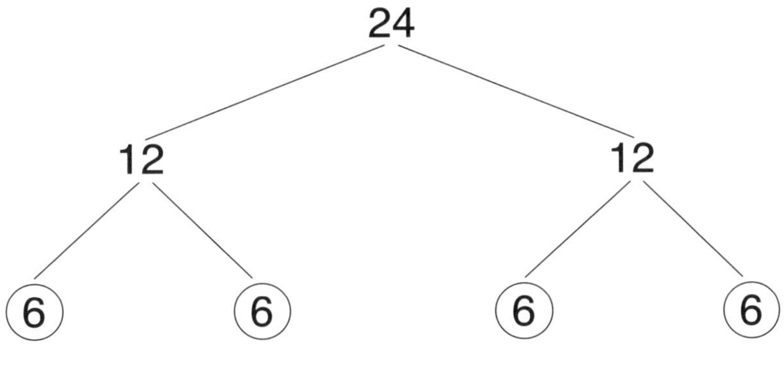

5.) Die Lösungszahl wird in die Gleichung eingefügt:

4 mal 6 = 24

Selbstständiges Bearbeiten der Aufgaben
Wenn die Aufgabe klar ist, werden einige Kinder aufgerufen, die sich einen Arbeitsplatz aussuchen können. Nach und nach werden alle anderen Kinder aufgerufen. Es kann sein, dass sich die zuletzt Aufgerufenen ihr Arbeitsmaterial nicht mehr aussuchen können, sondern nehmen müssen, was noch übrig ist. Das ist aber nicht schlimm, denn die Kinder dürfen während der Arbeit die Plätze wechseln. Es muss aber mindestens eine Aufgabe an dem Platz gelöst werden, den man sich zu Beginn ausgesucht hat. Danach hat man die Wahl zu bleiben oder sich ein anderes Arbeitsmaterial auszusuchen.

Ich rufe immer zuerst Kinder mit besonders guter Arbeitshaltung auf. Diese gehen gleich konzentriert ans Werk und geben den später Dazukommenden ein gutes Beispiel. Kinder mit Konzentrationsschwierigkeiten schicke ich als Letzte los, wenn die anderen schon beschäftigt sind. So klappt es am leichtesten, die ganze Klasse gut in die Arbeitsphase zu entlassen.

Ist eine Aufgabe fertig bearbeitet, gehört das verwendete Rechenmaterial (Nüsse, Rosinen oder Sonnenblumenkerne) dem Kind und darf gegessen werden. Ich halte immer kleine Plastik-Frischhaltebeutel bereit, in denen die Kinder ihre „Beute" verstauen können. Bei mir gilt die Regel: Was während des Unterrichts verdient wurde, darf auch während des Unterrichts gegessen werden. Das bildet einen zusätzlichen Anreiz für diese Aufgabe.

Wenn in einer oder einigen Rechenstunden diese Art Malaufgaben zu lösen geübt wurde und die Kinder gut selbstständig damit zurechtkommen, lege ich Aufgabenkarten (Vorlage Seite 23 und 24) ins Wochenplan- oder Freiarbeitsregal und stelle Schüsselchen mit Material dazu sowie Plastiktütchen für das verdiente Material. So können sich die Kinder während der Freiarbeit selbst Aufgaben holen und diese bearbeiten.

Weitere Möglichkeit für den Einsatz der Aufgabenkärtchen

Die Ergebnisse der Aufgaben von den Kärtchen (Seite 23 und 24) können auch durch teilweises Abdecken eines Hunderter-Punktefeldes und durch geschicktes Zählen ermittelt werden (Vorlage für Hunderter-Punktefelder Seite 19).

So geht es: Mit einem Abdeckwinkel wird so viel von einem Hunderter-Punktefeld verdeckt, dass nur noch ein rechteckiger Ausschnitt sichtbar ist, in dem die gesuchte Malaufgabe steckt. Ein Abdeckwinkel in L-Form kann in passender Größe aus Karton ausgeschnitten werden.

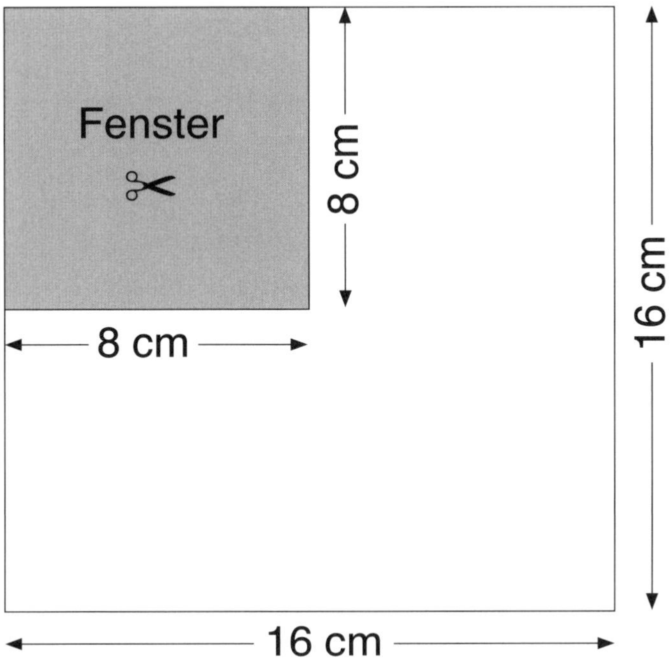

Beispiel:
Für die Aufgabe 7 mal 6 passt der unten abgebildete Ausschnitt. Es sind 7 Reihen mit je 6 Kugeln. Die Anzahl der Punkte entspricht dem Ergebnis und kann durch geschicktes Zählen und Rechnen ermittelt werden. Als Zählhilfe dienen die Abstände nach jeder Fünfer-Reihe:

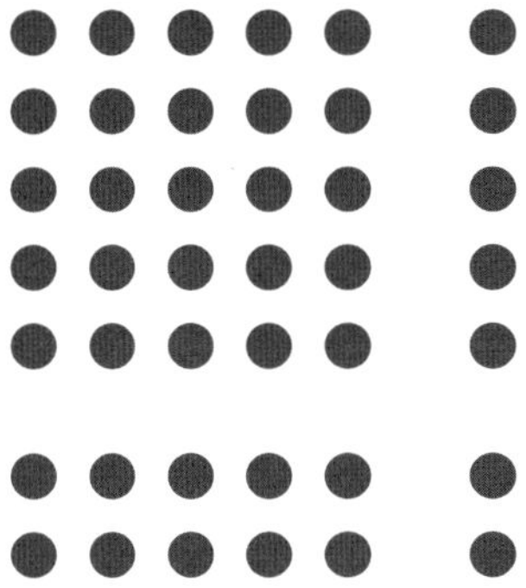

7 mal 6 =	25	→ ersichtlich aus dem Quadrat mit 5 mal 5 Punkten
	5	→ die senkrechte Fünfer-Reihe rechts außen
	12	→ die zwei waagrechten Sechser-Reihen unten
		→ 25 + 5 + 12 = 42

Hinweise Arbeitsblatt 7-9

Arbeitsblatt 7

Die Kinder sollen sich einen Überblick über die vorhandenen Aufgaben verschaffen, bevor sie eine auswählen. Die Aufgabe für Spezialisten soll zudem nur von Kindern angegangen werden, die alle anderen Aufgaben bereits gelöst haben.

Arbeitsblatt 8 und 9

Um wirklich zu begreifen, was mit einer Malaufgabe gemeint ist, müssen die Kinder die richtigen Teilmengen zuordnen können. In der Aufgabe 3 · 4 stecken **drei** Teilmengen **zu je vier** Elementen und nicht umgekehrt vier Teilmengen zu je drei Elementen. Das war bereits bei den Kugelstangen das Thema (Seite 18).

Bei den Aufgaben mit den Rechtecken werden Sie wieder feststellen, dass das richtige Ausmalen der Streifen gerade den schwächeren Kindern (aber auch den flüchtigen) nicht auf Anhieb leichtfällt. Daran ist erkennbar, wie wichtig und sinnvoll diese Art der Vertiefung ist.

Gerade rechenschwache Kinder brauchen deutliche Bilder im Kopf, sonst finden sie sich nicht zurecht. Und die flotten und flüchtigen Kinder sehen auch hier wieder, dass es nicht genügt, schnell und „hopplahopp“ ein Ergebnis hinzuschreiben nach dem Motto: Hauptsache, es kommt die richtige Zahl heraus! Nein, auch sie müssen sich gedanklich mit der Aufgabe auseinandersetzen, sonst machen sie Fehler.

Vorlage für Aufgaben mit Rechtecken

Mit der Vorlage (Seite 30 und 31) lassen sich weitere Aufgaben mit Rechtecken in der Art der Arbeitsblätter 8 und 9 zusammenstellen. Es können damit auch Aufgabenkarten für Lernstationen oder für die Freiarbeit hergestellt werden.

Zu jeder Einmaleinsreihe gibt es eine Vorlage, die alle Aufgaben enthält. Durch Abschneiden eines entsprechenden Streifens erhalten Sie sehr schnell eine neue Aufgabe. Je nachdem, wie herum das Rechteck gedreht wird, müssen die zur Malaufgabe passenden Streifen entweder quer oder längs ausgemalt werden.

Name:	Datum:	7 

Rechengeschichten

Lies genau durch, wie du arbeiten sollst:

1.) Schneide eine Rechengeschichte aus.
2.) Klebe sie in dein Heft.
3.) Male ein passendes Bild dazu.
4.) Schreibe die passende Malaufgabe auf.
5.) Zeichne ein Ästediagramm.
6.) Trage das Ergebnis ein.
7.) Schreibe einen Antwortsatz.

Im Wald wohnen Krähen. 3 Krähennester sind auf den Bäumen. In jedem Nest wohnen 4 Krähen. Wie viele Krähen sind das insgesamt?

Hexe Gundula will sich Zitronentee kochen, weil es im Winter so kalt ist. Sie kauft 5 Netze mit Zitronen. In jedem Netz sind 3 Zitronen. Wie viele Zitronen sind das insgesamt?

Im Wald wohnt ein Zwergenpaar mit seinen vier Kindern Willi, Walli, Wolli und Wulli.
Den Kindern ist langweilig und darum fangen sie sich Mäuse zum Spielen. Jedes Kind hat 3 kleine Mäuse gefangen.
Die Zwergenmama schimpft: „Das sind ja ______ Mäuse!“
Wie viele Mäuse hat die Zwergenmama gezählt?

Die vier Zwergenkinder müssen die Mäuse wieder freilassen. Nun fangen sie sich Schnecken und lassen sie um die Wette kriechen. Jedes Kind hat 5 Schnecken. Wie viele Schnecken sind es insgesamt?

Aufgabe für Spezialisten
Du brauchst nur nachzudenken und nicht zu zeichnen. Du musst auch kein Ästediagramm malen. Die Lösungszahl genügt:

Wenn jede Schnecke am Tag 2 Salatblätter frisst, wie viele Salatblätter brauchen die Zwergenkinder dann ...

... an einem Tag ______ Salatblätter

... an 2 Tagen ______ Salatblätter

... in einer ganzen Woche ______ Salatblätter

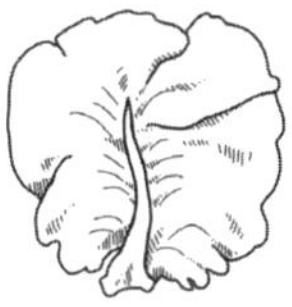

Name:	Datum:	8

Streifen

Male die Streifen in den Rechtecken abwechselnd rot und blau aus, sodass sie zur Malaufgabe passen.

5 • 6 = ______

4 • 7 = ______

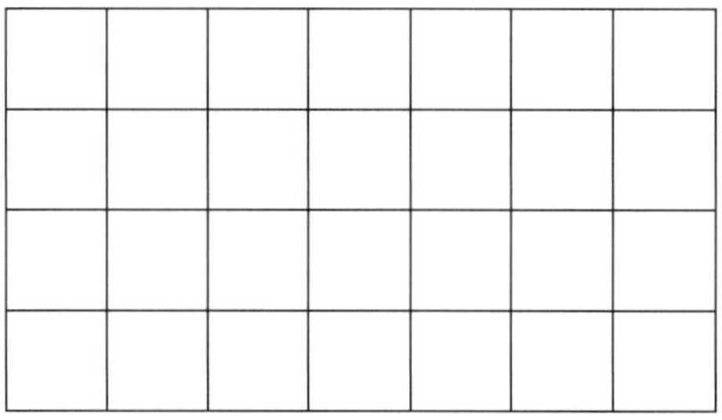

2 • 9 = ______

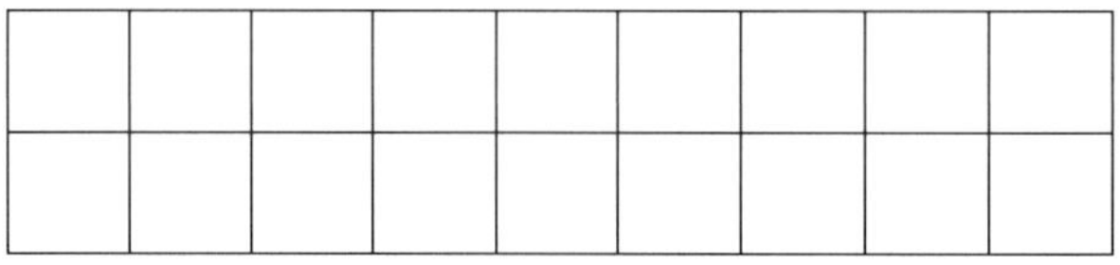

7 • 2 = ______

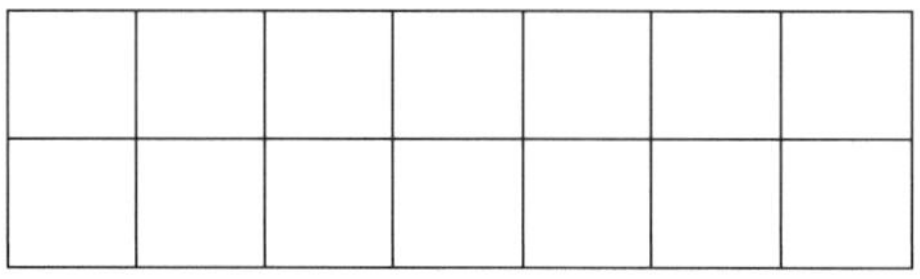

7 • 5 = ______

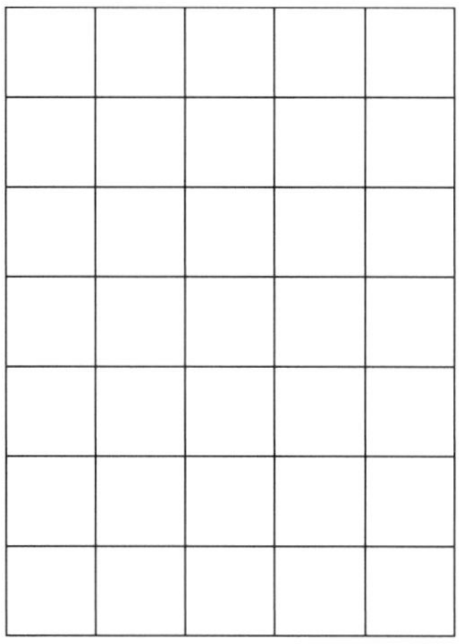

Name: Datum: 9 

Welche Aufgabe passt?

Male die Streifen in den Rechtecken abwechselnd rot und blau in der Richtung aus, die angegeben ist.

Das ist quer: ══ Das ist längs: |||

Schreibe die passende Malaufgabe dazu. Finde auch das Ergebnis heraus.

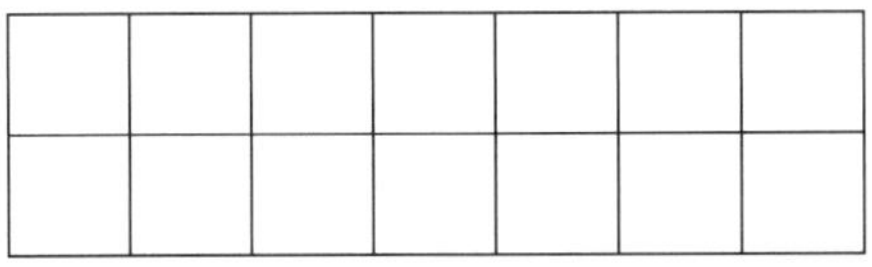

quer

____

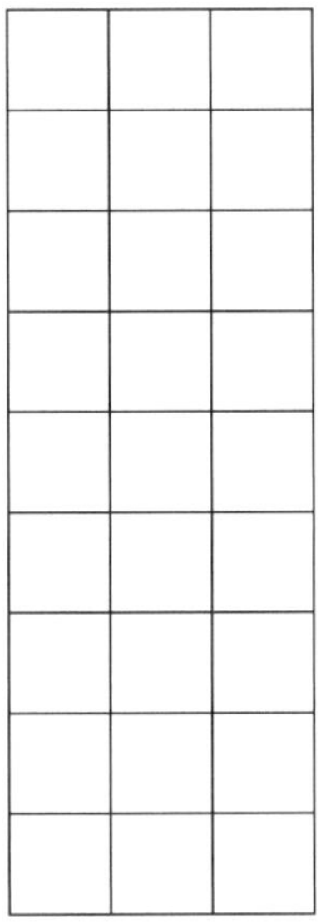

längs

____

quer

____

quer

____

längs

____

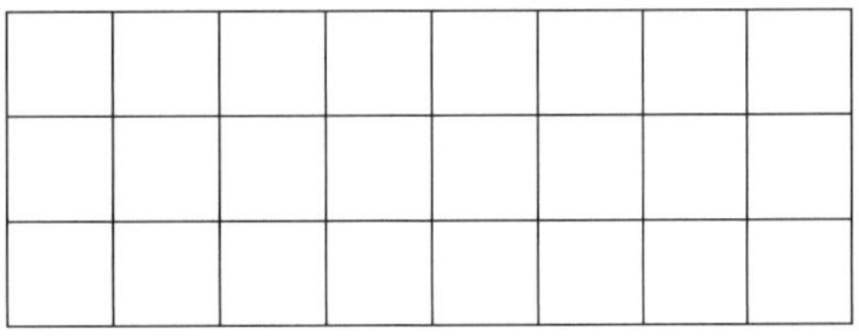

quer

____

Vorlage für Aufgaben mit Rechtecken

Zweierreihe

Dreierreihe

Viererreihe

Fünferreihe

Sechserreihe

Siebenerreihe

Vorlage für Aufgaben mit Rechtecken

Achterreihe

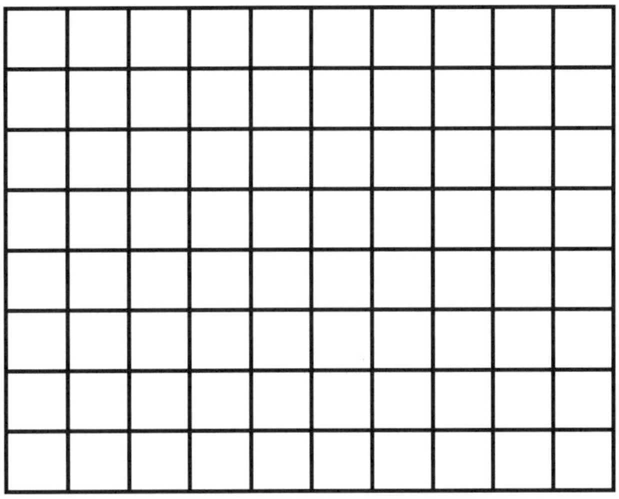

Neunerreihe

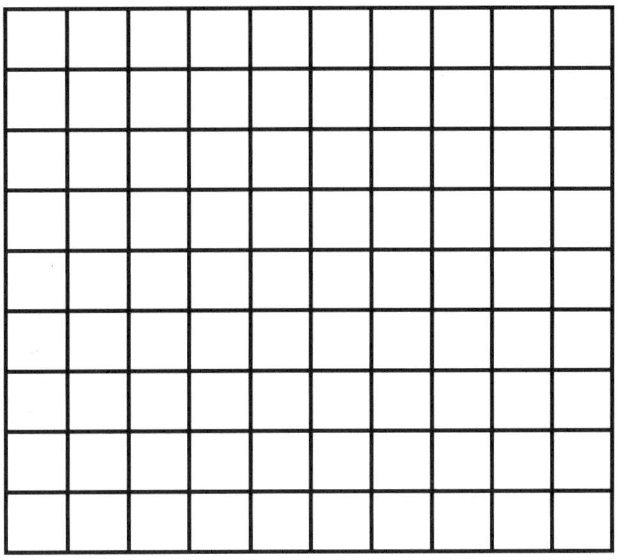

Zehnerreihe

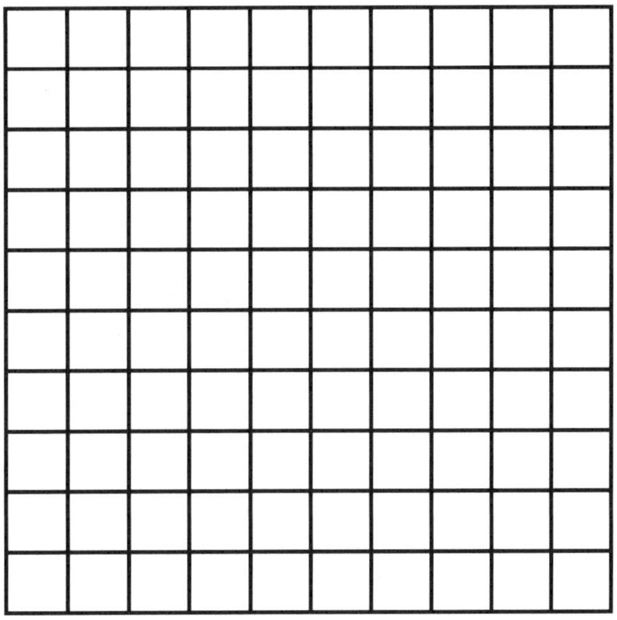

Das Lied zur Zweierreihe

Einmaleins ist kinderleicht

Einmaleins ist ewig leicht,
die Katze um die Häuser schleicht.
Für sie ist Rechnen gar nicht wichtig,
doch ich lern's gut und das ist richtig.

Ich koche mir ein weiches Ei,
1 mal 2 gleich 2.
Hab Hunger wie ein Tier,
2 mal 2 gleich 4.
Vom Ketchup noch 'nen Klecks,
3 mal 2 gleich 6.
Felix lässt 'nen Schrei –
6 gleich 2 mal 3.

Einmaleins ist ewig leicht,
die Katze um die Häuser schleicht.
Sie kümmert sich nur um den Fraß,
und mir macht Rechnen richtig Spaß.

Ich tu's sogar bei Nacht –
4 mal 2 gleich 8.
Herr Brause sagt: „Das lob' ich mir",
8 kommt auch aus 2 mal 4,
und liege kuschlig, weich und schön,
5 mal 2 gleich 10.
Die Zehen wackeln ohne Strümpf',
10 kommt auch aus 2 mal 5.

Einmaleins ist ewig leicht,
die Katze um die Häuser schleicht.
Da kommt die Hexe angeflogen:
„Alles Gute kommt von oben".

Ich bin Gundula die Hex',
12 kommt raus bei 2 mal 6.
Mein Käuzchen hab' ich auch dabei,
Käuzchen kräht, 12 ist 6 mal 2,
6 mal 2 gleich 12, du dei,
wir Hexen sind nun mal so frei:
Guck schon bin ich wieder weg,
zu Hause gibt's Spinat und Speck.

Einmaleins ist ewig leicht,
die Katze um die Häuser schleicht.
Dann legt sie sich zum Schlafen hin,
ich hab das Einmaleins im Sinn.

Kinder, das ist einwandfrei,
14 kommt aus 7 mal 2.
Ach, so lässt sich's prima üben,
14 ist auch 2 mal 7.
Rechnen, was 'ne Spielerei,
16 kommt aus 8 mal 2,
16 ist auch 2 mal 8,
Hausaufgaben schon gemacht.

Einmaleins ist ewig leicht
und keine Zahl der andern gleicht.
Doch miteinander spielen sie
uns eine kleine Sinfonie.

Bald ist der schöne Tag vorbei
und 18 kommt aus 9 mal 2.
Ich kann mich schon auf morgen freu'n,
18 ist auch 2 mal 9.

Heut Abend gibt's Kartoffelbrei,
20 ist gleich 10 mal 2.
Die Hälfte ist gleich 5 mal 2,
10 Karotten sind dabei.

Einmaleins ist ewig leicht,
genug geübt, ich denk es reicht.
Heut Abend kann ich's wiederholen,
wenn s'Kätzchen kommt auf leisen Sohlen.

Ich bin Gundula die Hex',
12 kommt raus bei 2 mal 6.
Mein Käuzchen hab' ich auch dabei,
Käuzchen kräht, 12 ist 6 mal 2,
6 mal 2 gleich 12, du dei,
wir Hexen sind nun mal so frei ...

Arbeiten mit den Liedern der 1 x 1 Hitparade

Bewegungsübungen zum Lied der Zweierreihe (Track-Nr. 2)

Das Lied der Zweierreihe ist das erste Einmaleinslied, mit dem systematisch gearbeitet wird. Bewegungen zum Lied sind eine Möglichkeit, das Anhören im Unterricht fest zu verankern, sodass das Speichern der Einmaleinssätze über Musik und Rhythmus angeregt wird.

Die Bewegungen, die hier vorgeschlagen werden, sind einfach. Das ist wichtig, damit sich alle – Lehrperson und Kinder – erst einmal sicher fühlen auf diesem für viele vielleicht eher ungewohnten Terrain.

Das Lied besteht aus drei immer wiederkehrenden Bestandteilen:

- Refrain: Einmaleins ist ewig leicht ...
- Instrumentalstellen
- Strophen, in denen alle Einmaleinssätze samt Tauschaufgaben vorkommen

Die Kinder sollen im Laufe der Zeit das Lied so gut ins Ohr bekommen, dass sie bereits im Voraus wissen, wann eine Instrumentalstelle, der Refrain oder eine Strophe kommt, sodass sie vom ersten Ton an im richtigen Bewegungsmodus sind und nicht erst horchen „Was ist gerade dran?" oder schauen müssen „Was machen denn die anderen?". Wer ein ganzes Lied lang an den verschiedenen Stellen das Richtige tut, zeigt, dass er sich hervorragend konzentrieren kann.

Bewegungen zum Lied

Instrumentalstellen: ruhiges Stehen

Refrain:
Langsamer Wiegeschritt rechts-links-rechts-links und zu jedem Schritt klatschen:

Einmaleins ist ewig leicht, die Katze um die Häuser schleicht.
rechts – *links* – *rechts* – *links*
Klatsch – *Klatsch* – *Klatsch* – *Klatsch*

Für sie ist Rechnen gar nicht wichtig, doch ich lern's gut und das ist richtig.
rechts – *links* – *rechts* – *links*
Klatsch – *Klatsch* – *Klatsch* – *Klatsch*

Strophen und instrumentale Übergänge:

1

mit beiden Handflächen auf die Oberschenkel patschen

2

in die Hände klatschen

3

rechte Hand auf die linke Schulter legen

4

linke Hand auf die rechte Schulter legen

Danach wieder mit 1 beginnen.

Sobald diese Bewegungsfolge sitzt, kann sie in flottem Tempo durchgeführt oder auch um eigene, zusätzliche Bewegungen erweitert werden.

Langsames Bewegungstempo:
Die Zahlen 1 bis 4 unter dem Text zeigen die Verteilung der Bewegungen (1 = Patschen auf die Oberschenkel usw.)

Ich koche mir ein wei-ches Ei, 1 mal 2 gleich 2.
1 2 3 4 1 2 3 4

Hab Hun-ger wie ein Tier, 2 mal 2 gleich 4.
1 2 3 4 1 2 3 4

Vom Ketch-up noch 'nen Klecks, 3 mal 2 gleich 6.
1 2 3 4

Felix lässt 'nen Schrei – 6 gleich 2 mal 3.
1 2 3 4

Schnelles Bewegungstempo:
Ist den Kindern (und Ihnen) die Abfolge geläufig, kann sie doppelt so schnell ausgeführt werden. Die Verteilung der Bewegungen sieht dann wie folgt aus:

Ich koche mir ein wei-ches Ei, 1 mal 2 gleich 2.
1 2 3 4 1 2 3 4 1 2 3 4 1 2 3 4

Hab Hun-ger wie ein Tier, 2 mal 2 gleich 4.
1 2 3 4 1 2 3 4 1 2 3 4 1 2 3 4

Vom Ketch-up noch 'nen Klecks, 3 mal 2 gleich 6.
1 2 3 4 1 2 3 4

Fe-lix lässt 'nen Schrei – 6 gleich 2 mal 3.
1 2 3 4 1 2 3 4

Ablauf für das ganze Lied:

Instrumentalvorspiel	ruhig stehen
Refrain	Wiegeschritt mit Klatschen
Erste Strophe	Bewegungsabfolge 1 2 3 4
Zwischenspiel	ruhig stehen
Refrain	Wiegeschritt mit Klatschen

usw. bis zum Ende des Liedes

Hinweise Arbeitsblatt 10-14 und Vorlagen

Auf den Arbeitsblättern 10 bis 14 beschäftigen sich die Kinder eher kontemplativ mit der Zweierreihe. Während des Arbeitens kann das Zweierlied abgespielt werden.

Arbeitsblatt 10

Während die Kinder die Zweier-Kugelreihen ausmalen, kann das Zweierlied abgespielt werden. So werden die ersten Aufgaben ganz nebenbei gespeichert.

Wer mit dem Arbeitsblatt fertig ist, kann Zweieraufgaben mit immer zwei abwechselnd gleichfarbigen Gegenständen ins Heft malen. Dafür stehen verschiedene Aufgaben aus der Zweierreihe an der Wandtafel, zum Beispiel:

4 mal 2 3 mal 2 7 mal 2 usw.

Die Aufgabe 7 mal 2 könnte zum Beispiel so aussehen:

Arbeitsblatt 11

Hier werden über das Ausmalen von jeweils 2 Perlen in einer Farbe noch einmal einzelne Aufgaben dargestellt und reflektiert.

Arbeitsblatt 12

Während die Kinder das Lied zur Zweierreihe hören, malen sie die Einmaleins-Regenbogentiere aus und schreiben der Reihe nach die Malaufgaben und die Ergebnisse in die Felder wie auf dem Arbeitsblatt erklärt.

Nach dem gleichen Muster können zu jeder Einmaleinsreihe Regenbogentiere ausgemalt und beschriftet werden. Die Regenbogenfarben bieten eine immer gleichbleibende Abfolge, sodass auch über die Farben eine Assoziation erfolgen kann.

Regenbogenfarben: Auf dem Arbeitsblatt werden nur sechs Farben verwendet, in der Natur besteht der Regenbogen aus sieben Farben: Rot, Orange, Gelb, Grün, Blau, Indigo und Violett. Indigo sagt den meisten Kindern als Farbbezeichnung nichts. Deshalb wurde auf diese Farbe auf den Arbeitsblättern verzichtet.

Arbeitsblatt 13 und 14

Auch diese beiden Blätter können bearbeitet werden, während das Lied zur Zweierreihe abgespielt wird. Im Lied werden immer auch die Tauschaufgaben genannt. Hören der gesungenen Aufgaben, Denken und Malen, das alles schafft Assoziationen, die beim Speichern der Einmaleinsreihen helfen.

Material für weitere Übungen analog zur Zweierreihe für alle anderen Einmaleinsreihen und Lieder:

Vorlage Regenbogentiere (Seite 43)

Blankovorlage für Regenbogentiere zu anderen Einmaleinsreihen (Bearbeitung s. Anleitung auf Arbeitsblatt 12)

Vorlage Aufgaben und Tauschaufgaben (Seite 44 und 45)

Blankovorlagen für das Malen von Kugeln zu Aufgaben und Tauschaufgaben analog zu Arbeitsblatt 13 und 14.

Vorlage Perlen in verschiedenen Größen (Seite 46)

Damit können analog zu Arbeitsblatt 11 eigene Aufgaben für andere Einmaleinsreihen zusammengestellt werden.

Vorlage Bilder zum Malen mit Musik (Seite 47 und 48)

Mit den Bildvorlagen lassen sich Arbeitsblätter zum Ausmalen erstellen. Während des Ausmalens hören die Kinder das passende Einmaleinslied.

Für die Viererreihe stellt die Lehrperson zum Beispiel eine Ausmalvorlage her mit immer vier Pferden in einer Reihe. Wichtig: Das Kind muss immer die entsprechende Menge von Bildern in einer Farbe ausmalen, passend zur jeweiligen Reihe. Bei der Viererreihe mit den Pferden sind das zum Beispiel 4 gelbe Pferde, 4 braune Pferde usw.

Name:	Datum:	10

Die Zweierreihe

Unter jeder Malaufgabe siehst du Kugeln. Immer 2 Kugeln gehören zusammen. Male jeweils die 2 Kugeln nebeneinander in der gleichen Farbe an.

Regel: Du darfst die gleiche Farbe nicht zweimal direkt nacheinander verwenden.

1 mal 2 = ____

○ ○

2 mal 2 = ____

○ ○
○ ○

3 mal 2 = ____

○ ○
○ ○
○ ○

4 mal 2 = ____

○ ○
○ ○
○ ○
○ ○

5 mal 2 = ____

○ ○
○ ○
○ ○
○ ○
○ ○

6 mal 2 = ____

○ ○
○ ○
○ ○
○ ○
○ ○
○ ○

7 mal 2 = ____

○ ○
○ ○
○ ○
○ ○
○ ○
○ ○
○ ○

8 mal 2 = ____

○ ○
○ ○
○ ○
○ ○
○ ○
○ ○
○ ○
○ ○

9 mal 2 = ____

○ ○
○ ○
○ ○
○ ○
○ ○
○ ○
○ ○
○ ○
○ ○

10 mal 2 = ____

○ ○
○ ○
○ ○
○ ○
○ ○
○ ○
○ ○
○ ○
○ ○
○ ○

Name:	Datum:	11

Wie viele Perlen sind an jeder Kette?

Male jeweils zwei Perlen nacheinander in einer Farbe an.
Schreibe die passende Aufgabe mit dem Ergebnis darunter.

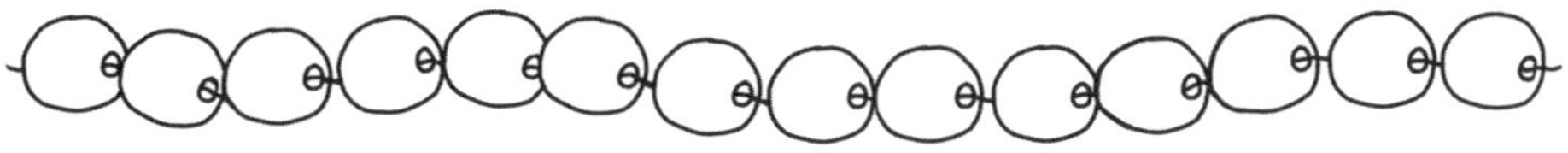

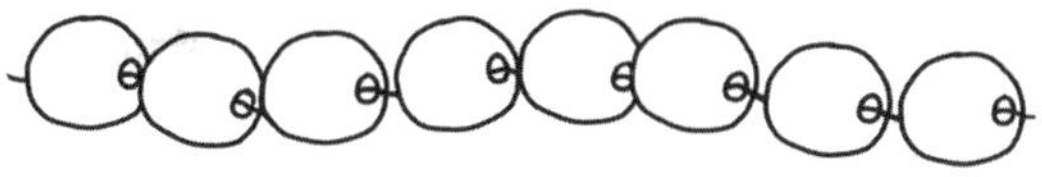

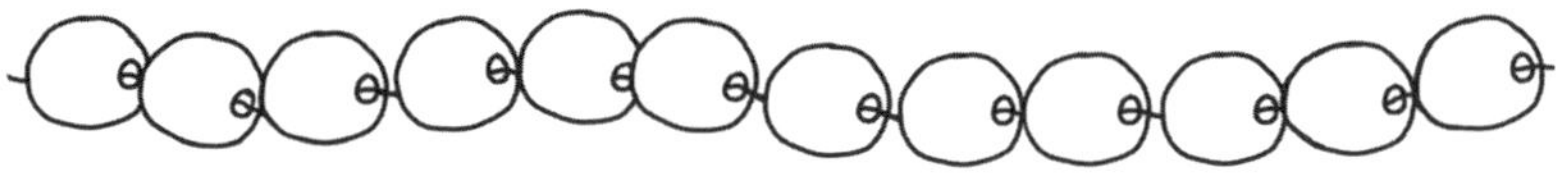

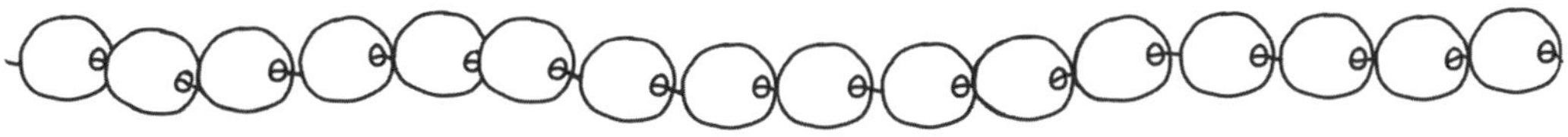

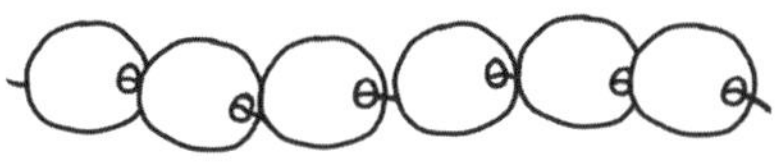

Name: | Datum: | 12

Regenbogen-Einmaleinstiere zur Zweierreihe

Lege Farbstifte bereit. Du brauchst: Rot, Orange, Gelb, Grün, Blau, Violett.

In das erste Feld schreibst du die Aufgabe 1 · 2 = und das Ergebnis. Male dieses Feld rot aus.

In das zweite Feld schreibst du 2 · 2 = und das Ergebnis.
Dieses Feld wird orange. Das Feld mit der nächsten Aufgabe wird gelb und so weiter.

Bei 6 · 2 hast du alle 6 Regenbogenfarben verwendet und fängst wieder von vorne mit Rot an. Wenn du zum zweiten Mal Grün benutzt hast, bist du fertig.

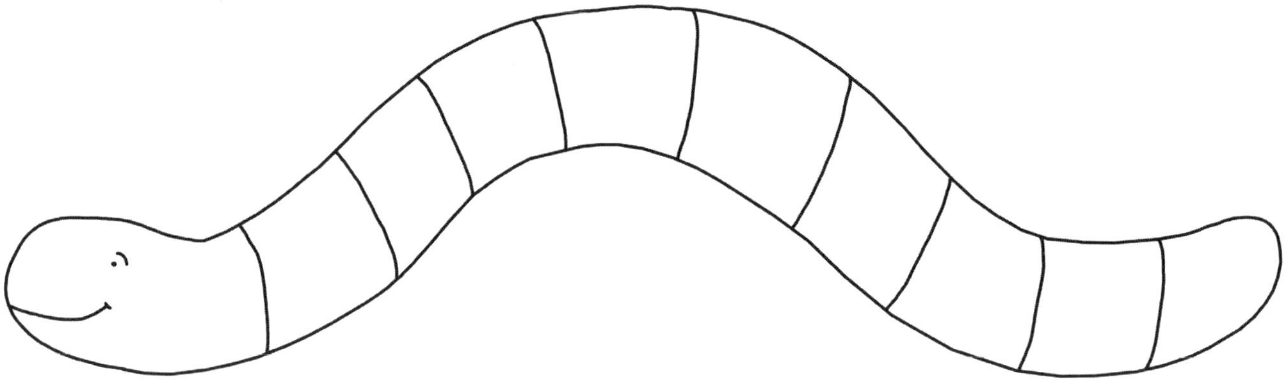

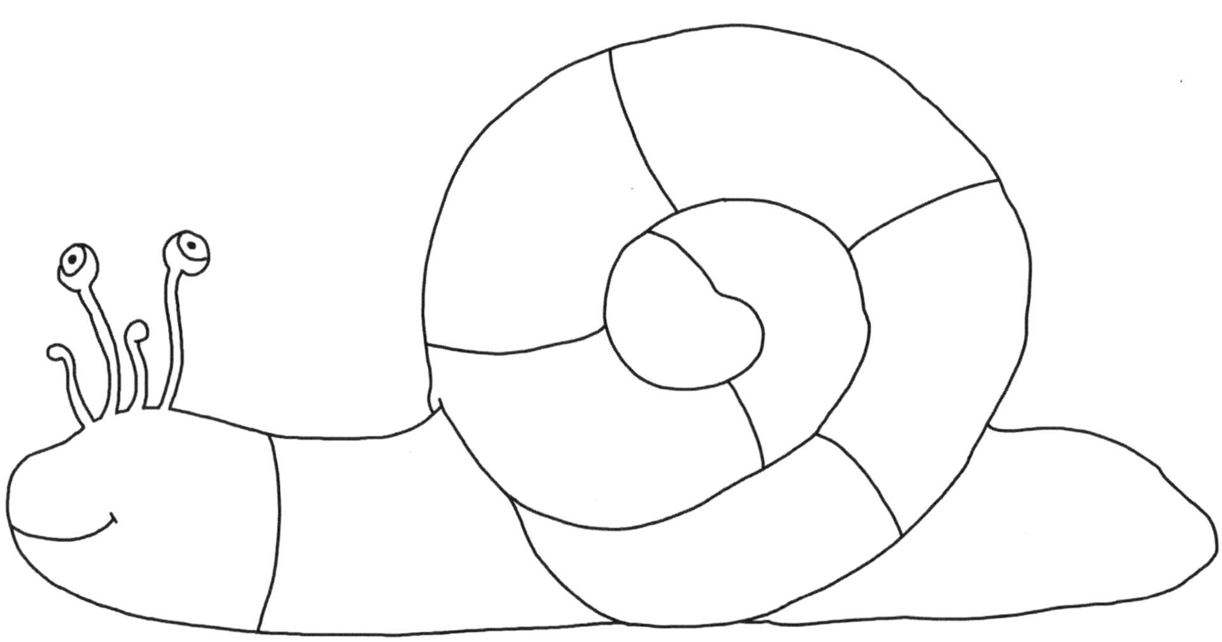

Name:	Datum:	13

Aufgaben der Zweierreihe

Male die Aufgaben auf diesem Blatt mit roten Kugeln. Die ersten beiden Aufgaben sind schon gelöst. Die Tauschaufgaben auf Arbeitsblatt 14 malst du mit blauen Kugeln.

1 • 2	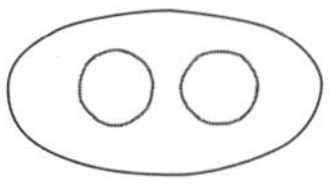
2 • 2	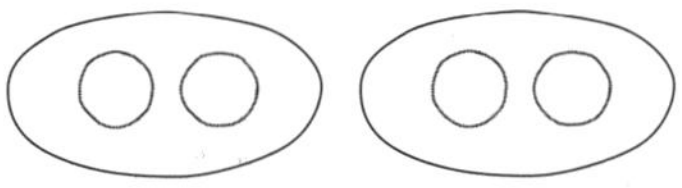
3 • 2	
4 • 2	
5 • 2	
6 • 2	
7 • 2	
8 • 2	
9 • 2	
10 • 2	

Name:	Datum:	14 

Tauschaufgaben der Zweierreihe

Finde zu den Aufgaben von Arbeitsblatt 13 die restlichen Tauschaufgaben. Male sie mit blauen Kugeln. Male auch die Kugeln für die ersten beiden Aufgaben.

2 • 1	
2 • 2	

Name:	Datum:	

Regenbogen-Einmaleinstiere zur 1 er-Reihe

1x1 2x1 3x1 4x1 5x1 6x1

Lege Farbstifte bereit. Du brauchst: Rot, Orange, Gelb, Grün, Blau, Violett.

Du arbeitest so, wie du es bereits kennst:
Der Reihe nach schreibst du die Einmaleinsaufgaben und die Ergebnisse in die Felder. Du malst die Felder in den Regenbogenfarben aus.

Name:	Datum:	

Aufgaben der ___-erreihe

Male die Aufgaben auf diesem Blatt mit roten Kugeln.
Die Tauschaufgaben auf dem nächsten Arbeitsblatt malst du mit blauen Kugeln.

Name:	Datum:	

Tauschaufgaben der ___-erreihe

Finde zu den Aufgaben vom vorherigen Arbeitsblatt die Tauschaufgaben. Male sie mit blauen Kugeln.

Vorlage Perlen in verschiedenen Größen

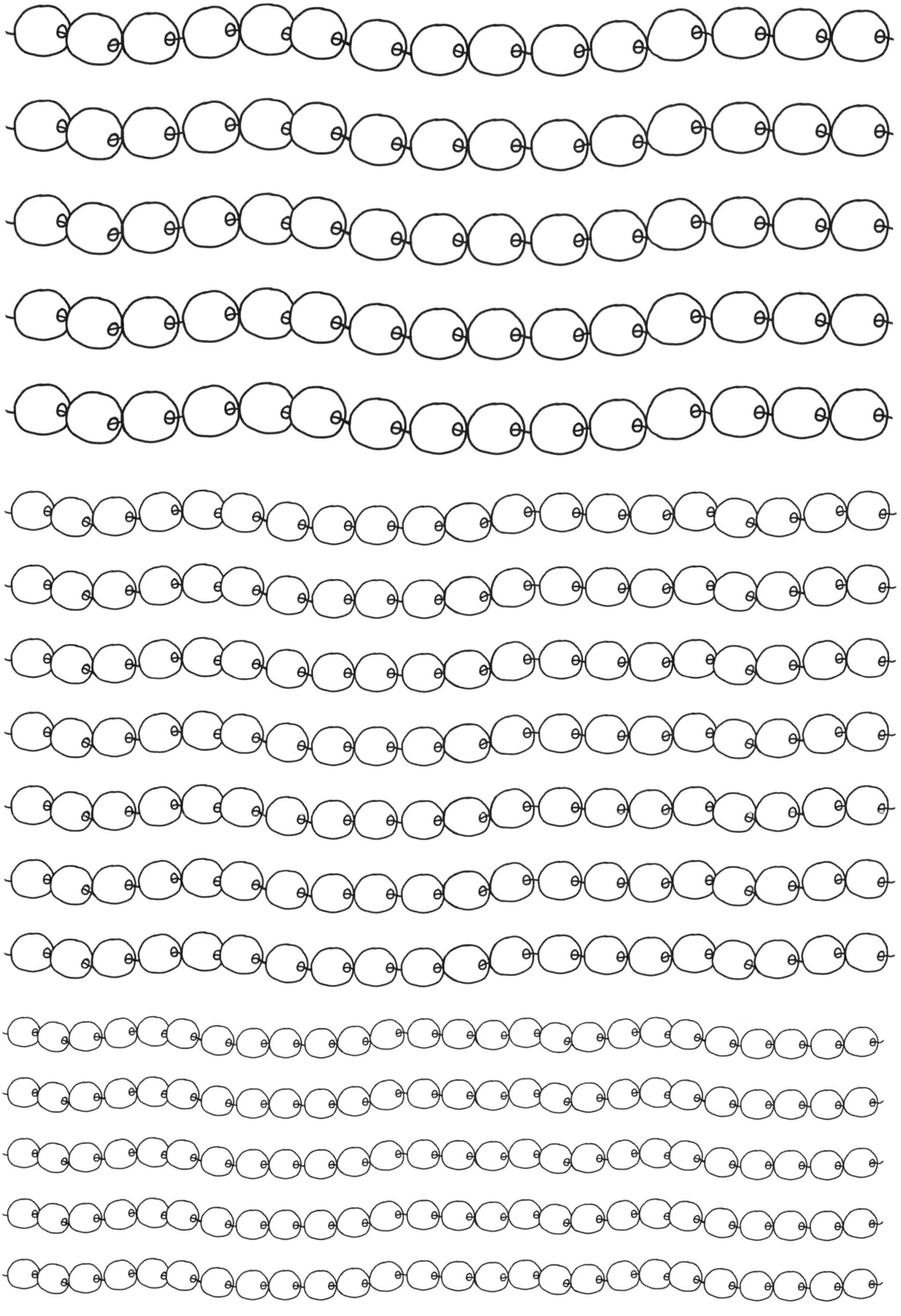

Vorlage Bilder zum Malen mit Musik

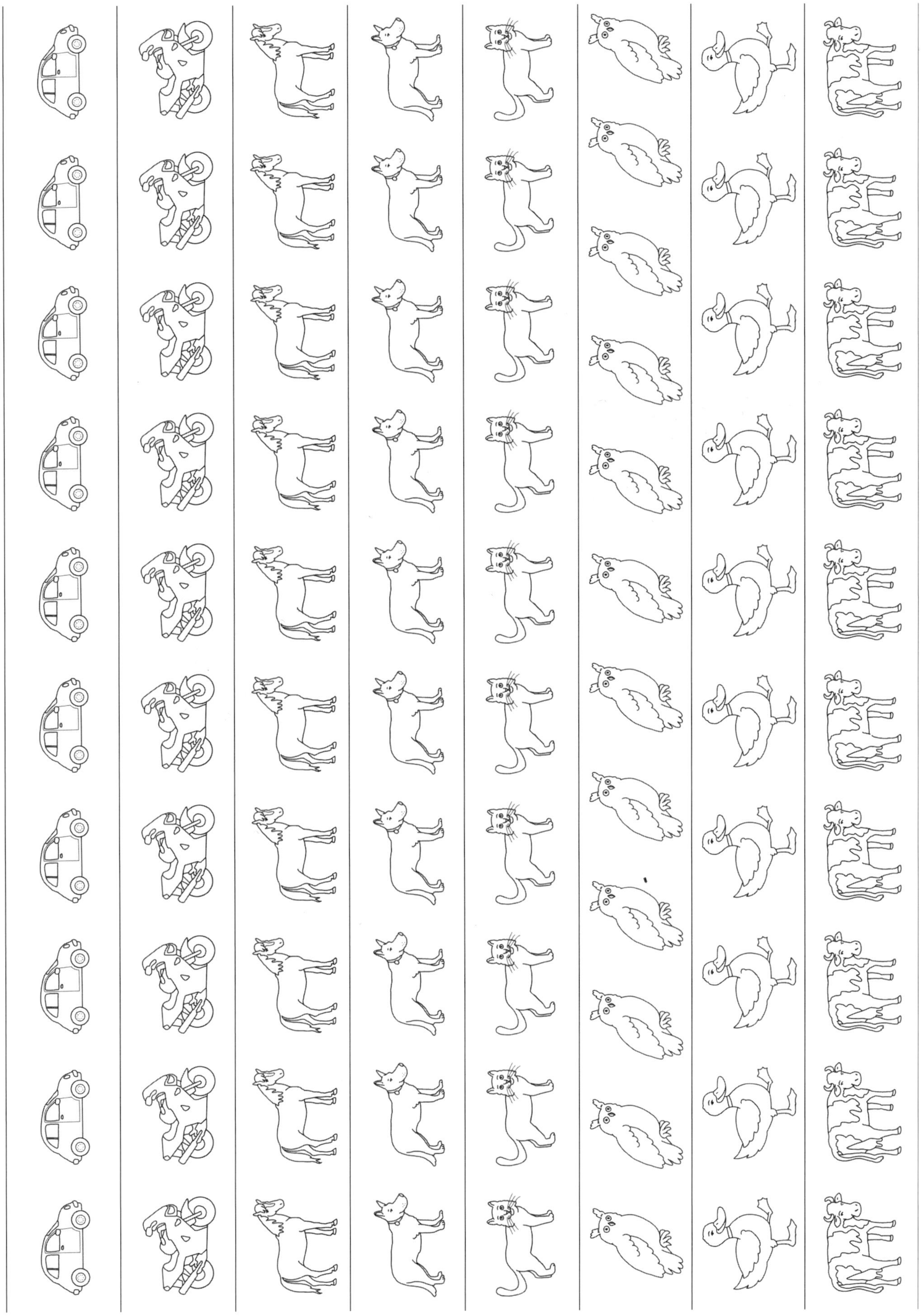

Vorlage Bilder zum Malen mit Musik

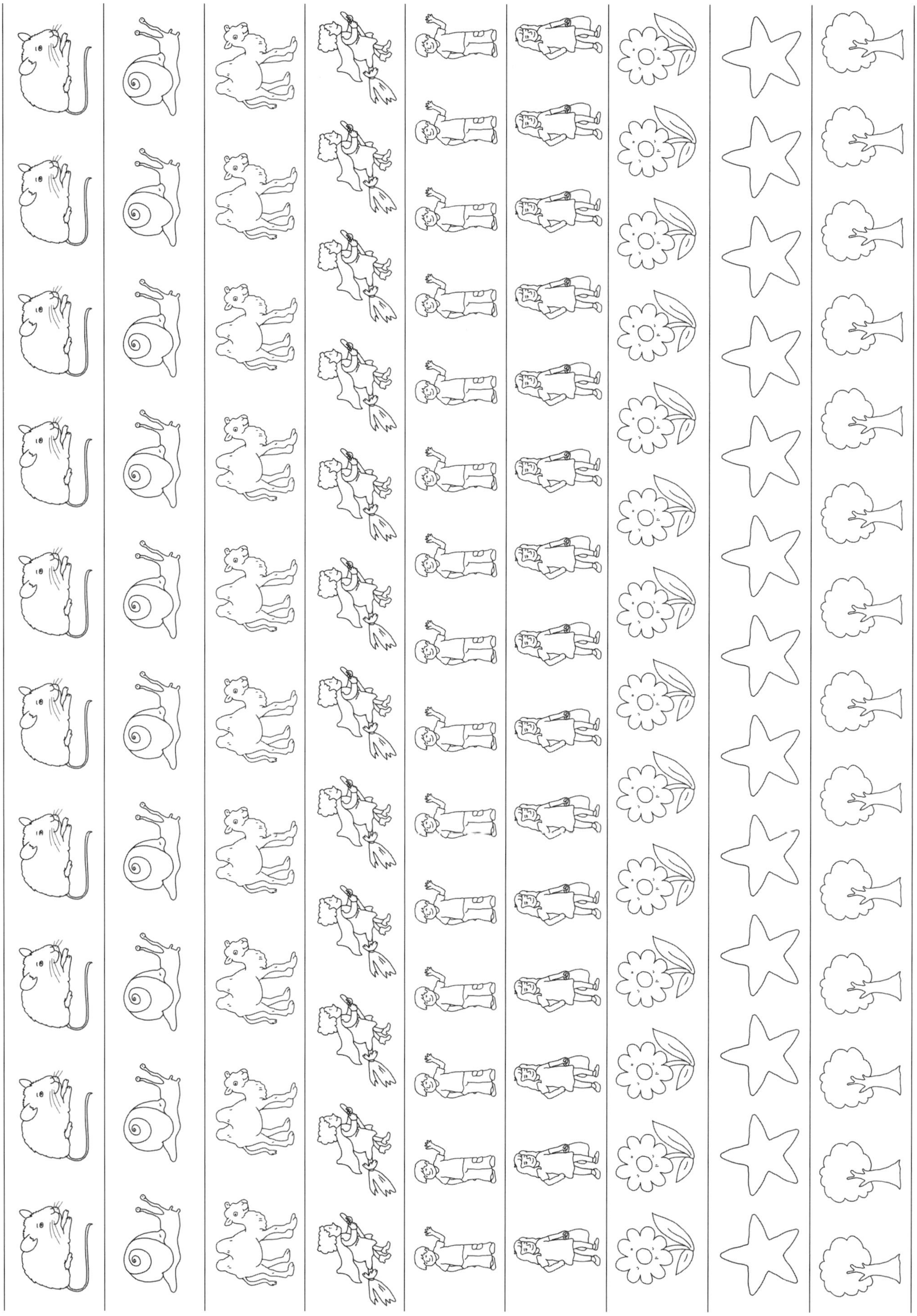

Arbeit mit Einmaleins-Bausteinen

Über die Arbeit mit Einmaleins-Bausteinen findet eine Vertiefung des Erfassens der Einmaleinsstruktur statt. Alle Aufgaben einer Einmaleinsreihe können zusammengesetzt werden, wenn drei verschiedene elementare Bausteine zur Verfügung stehen:

Der Einer-Baustein steht für 1 mal x,

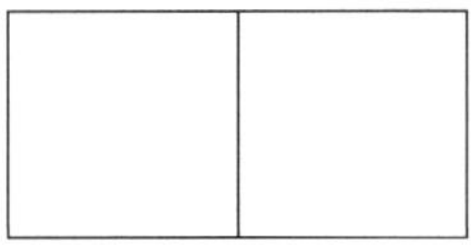

der Zweier-Baustein für 2 mal x.

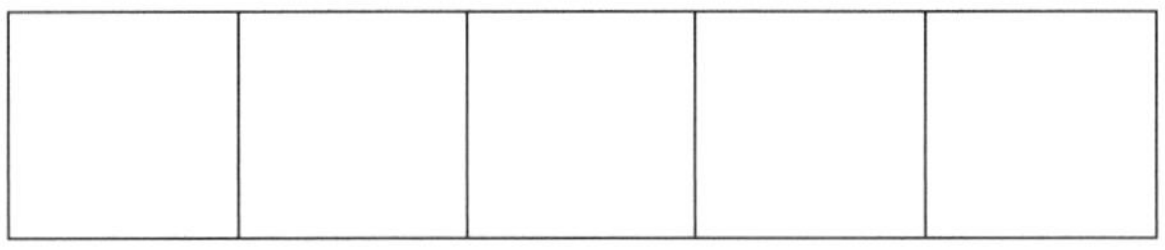

Der Fünfer-Baustein steht für 5 mal x.

In der Arbeit mit den Bausteinen steckt eine handelnde Annäherung an das Distributivgesetz:

7 mal x = 2 mal x + 5 mal x.

Der Zweier- und der Fünfer- Baustein wird je zweimal benötigt. Wenn die Ergebnisse, die zum Einer-, Zweier- und Fünfer-Baustein gehören, auf die Rückseite dieser Bausteine geschrieben werden, kann jede beliebige Aufgabe der betreffenden Einmaleinsreihe ausgerechnet werden.

3 mal x kann aus dem Einer- und dem Zweier-Baustein zusammengesetzt werden, 4 mal x aus den beiden Zweier-Bausteinen usw.

Bausteine zum Kopieren und Ausschneiden

Die Bausteine können auf festes Papier kopiert werden, für jede Einmaleinsreihe in einer anderen Farbe. Ein höherer Abstraktionsgrad wird erreicht, wenn nicht eine bestimmte Bausteinfarbe einer Einmaleinsreihe zugeordnet wird, sondern wenn ein Blanko-Bausatz ohne Beschriftung für jede Reihe genommen wird.

Vorlage Einmaleins-Bausteine (für 4 Kinder)

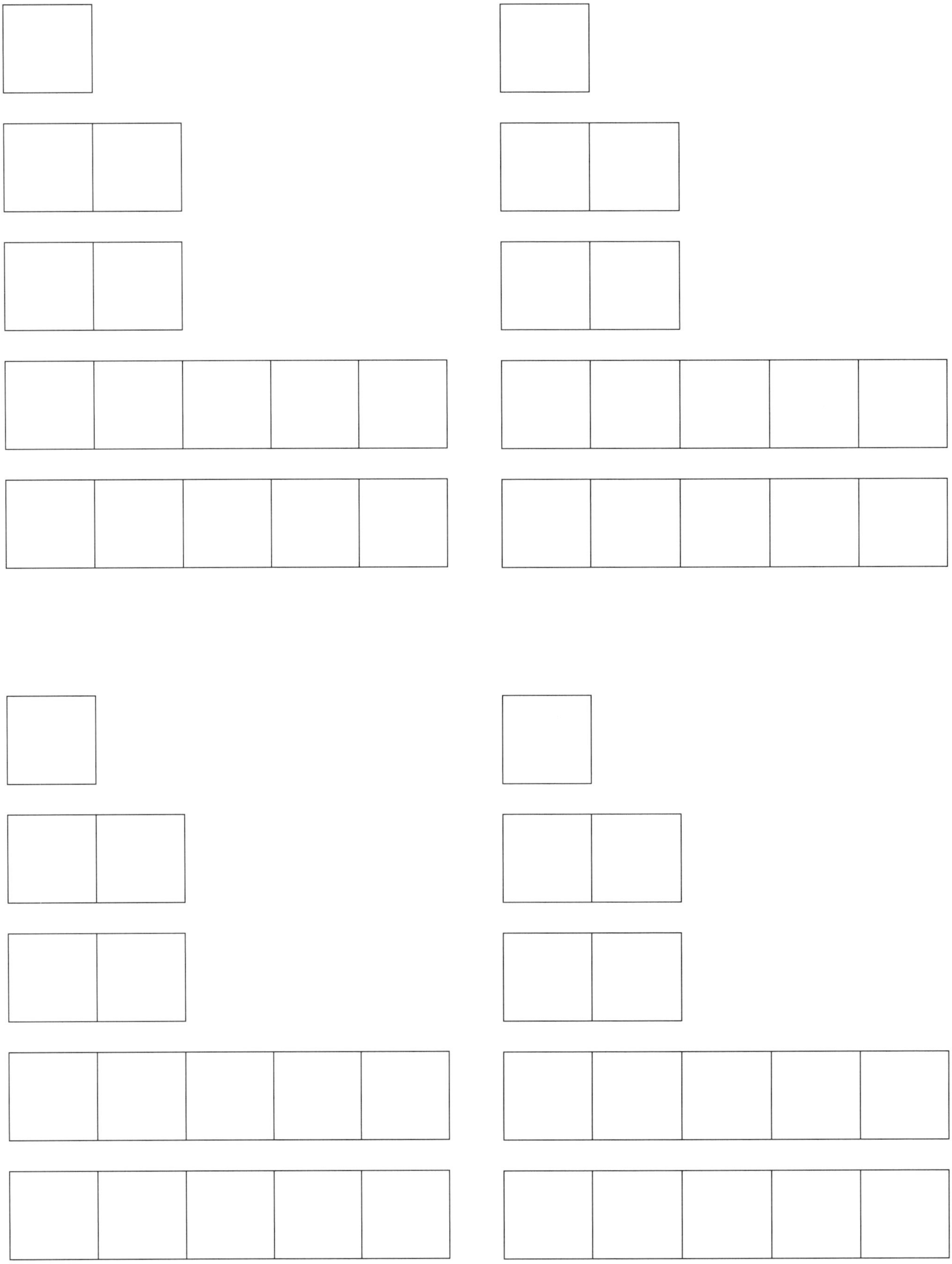

Hinweise Arbeitsblatt 15 und 16

Arbeitsblatt 15

Auf diesem Blatt wird den Kindern die Arbeit mit den Einmaleins-Bausteinen erklärt (Vorlage Einmaleins-Bausteine Seite 50). Das Arbeitsblatt 15 dient den Kindern als Muster bei weiteren Übungen mit den Einmaleins-Bausteinen.

Arbeitsblatt 16

Hier werden alle Aufgaben der Zweierreihe mit Hilfe der Bausteine gelegt und ausgerechnet. Schwache Rechnerinnen und Rechner brauchen unbedingt die Anschauungshilfe durch die konkreten Bausteine.

Beispiel $7 \cdot 2$
$7 \cdot 2 = 5 \cdot 2$ plus $2 \cdot 2$
$5 \cdot 2$ ist eine Bausteinaufgabe
$2 \cdot 2$ ist auch eine Bausteinaufgabe

Wenn das Kind die Bausteinaufgaben beherrscht, kann es sich jede andere Aufgabe erschließen. Es rechnet nun also:

5 mal 2 = 10
2 mal 2 = 4
7 mal 2 = 10 + 4 = 14

Zu allen Einmaleinsreihen sind Arbeitsblätter analog zu den Arbeitsblättern der Zweierreihe enthalten. Diese Blätter tragen zum Verständnis der mathematischen Struktur von Einmaleinsaufgaben bei sowie zum Verständnis ihrer Besonderheiten. Die Arbeitsblätter können jeweils begleitend zum passenden Einmaleinslied bearbeitet werden.

Name: Datum: 15

Einmaleins-Bausteine

Von der Zweierreihe hast du diese Bausteine:

Der Einer-Baustein
steht für 1 mal 2.

Jeder Zweier-Baustein
steht für 2 mal 2.

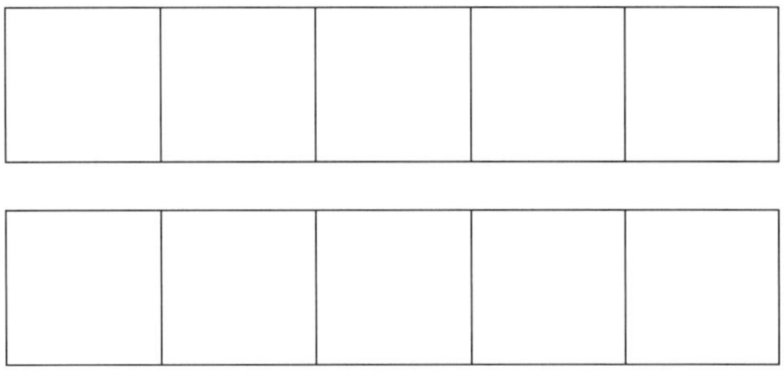

Jeder Fünfer-Baustein
steht für 5 mal 2.

Mit diesen Bausteinen kannst du dir jede Einmaleinsaufgabe zusammenbauen, zum Beispiel

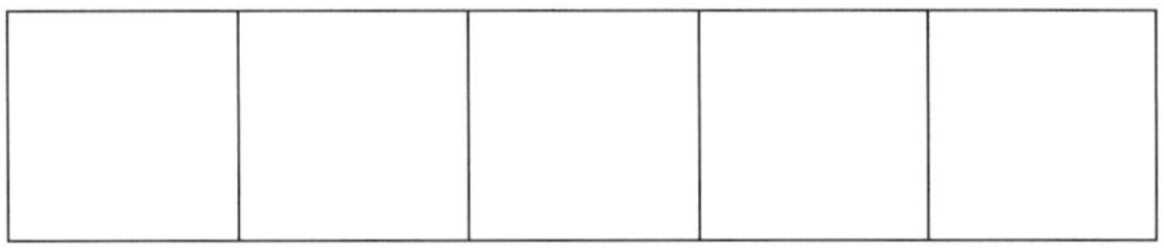

+

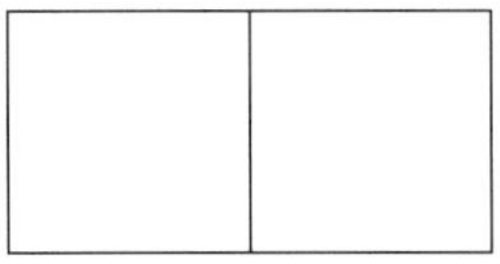

Das ergibt die Aufgabe ______________ .

Name:	Datum:	16 

Arbeiten mit Einmaleins-Bausteinen – Die Zweierreihe

Setze alle Aufgaben aus deinen Bausteinen zusammen.
Schreibe die Ergebnisse auf:

1 • 2 = ______	6 • 2 = ______
2 • 2 = ______	7 • 2 = ______
3 • 2 = ______	8 • 2 = ______
4 • 2 = ______	9 • 2 = ______
5 • 2 = ______	10 • 2 = ______

Die Ergebnisse aus den Zweier-Bausteinen:

1 • 2 = ______

2 • 2 = ______

5 • 2 = ______

Schreibe nun die Tauschaufgaben auf:

2 • 1 = ______	________________
2 • 2 = ______	________________
________________	________________
________________	________________
________________	________________

Mit Riesenschritten zur Automatisierung

Einmaleinsreihen müssen unbedingt auswendig gespeichert werden, damit sie sofort zur Verfügung stehen, wenn sie gebraucht werden. Hier wird der Grundstein gelegt für das schriftliche Malnehmen und Teilen der kommenden Schuljahre. Was in der 2. und 3. Klasse beim Lernen der Einmaleinsreihen versäumt wurde, ist kaum wieder aufzuholen.

Nachdem mit Einmaleinsaufgaben aus allen Reihen in verschiedenen Darstellungsformen gearbeitet wurde und die Kinder verstanden haben, was Malrechnen bedeutet, beginnen wir das gezielte Auswendiglernen der Reihen mit der Zweierreihe. Alles, was hierzu beschrieben wird, gilt analog auch für die anderen Einmaleinsreihen.

Für das Automatisieren der Reihen gibt es zwei unverzichtbare Hilfsmittel: Die Einmaleinskärtchen und die Einmaleins-Rennbahnen.

Einmaleinskärtchen

Die Einmaleinsreihen müssen, nachdem die mathematische Struktur der Einmaleinsaufgaben begriffen wurde, unbedingt auswendig gespeichert werden.

Jedes Kind bekommt Blanko-Kärtchen. Dazu wird die Vorlage von Seite 56 auf farbiges, festes Papier kopiert. Jedes Kind erhält einen Zehnerstreifen. Dieser soll in die einzelnen Kärtchen zerschnitten und beschriftet werden. Auf jedes Kärtchen kommt vorne eine Einmaleinsaufgabe und auf die Rückseite die entsprechende Lösungszahl, sodass zum Schluss alle Aufgaben einer Reihe von 1 bis 10 auf Kärtchen vorhanden sind.

Ich nehme für jede Einmaleinsreihe eine andere Papierfarbe, sodass die verschiedenen Kärtchen gut auseinandergehalten werden können.

Beispiel eines Kärtchens:

Vorderseite	Rückseite
$7 \cdot 2$	14

Hausaufgabe

Mit diesen Kärtchen werden zu Hause (!) die Einmaleinsreihen geübt.

Übungsablauf

1.) Das Kind, mischt die Kärtchen (die Ergebnisse sind verdeckt), liest die erste Aufgabe, spricht das Ergebnis und dreht das Kärtchen zur Kontrolle um. So arbeitet das Kind die Kärtchen nacheinander durch. Richtig bearbeitete Kärtchen legt es weg, falsch bearbeitete Kärtchen kommen auf einen Stapel. Jede falsch bearbeitete Aufgabe soll im Anschluss als Ästediagramm gezeichnet und gelöst werden.

2.) Danach werden noch einmal alle Kärtchen durchgearbeitet. Ist wieder eine Aufgabe falsch, wird noch einmal mit dem Ästediagramm nachgeholfen.

3.) Zum Schluss kommt eine dritte Kärtchenabfrage. Fehler werden wie gehabt verbessert, aber dann ist Schluss. Mehr als drei Durchgänge werden nicht gemacht! Am nächsten Tag wird die Übung auf die gleiche Art wiederholt.

Wenn auf diese Weise eine Woche lang wirklich gewissenhaft geübt wurde, sind die Aufgaben einer Reihe gespeichert. Ohne Mithilfe der Eltern wird das wahrscheinlich nicht klappen. Nur wenige Kinder sind bereits in diesem Alter zu wirklich selbstständigem Üben in der Lage. Deshalb bekommen die Eltern bei mir einen Informationsbrief, in dem ich genau erkläre, wie diese Hausaufgabe ablaufen soll und warum sie so wichtig ist.

War die Kärtchenübung eine Woche lang Hausaufgabe, geht es an den Start der ersten Einmaleins-Rennbahn (Beschreibung Seite 57).

Vorlage für Einmaleinskärtchen (Zehnerstreifen für 3 Kinder)

Einmaleins-Rennbahnen und tägliches Abfragen

Die Kinder haben eine Woche lang mit den Einmaleinskärtchen (Vorlage Seite 56, Beschreibung Seite 54) geübt, nun werden die Aufgaben abgefragt. Auf Seite 60 finden Sie die Kopiervorlage für die Abfrageblätter. Diese enthalten zwei leere Spalten mit je 10 Zeilen.

Vorbereiten der Abfrageblätter
Mit einem Abfrageblatt werden zunächst alle Aufgaben und Tauschaufgaben der Zweierreihe täglich einmal abgefragt, aber nicht geordnet der Reihe nach, sondern durcheinander, das ist wichtig!

Ich gehe dabei immer so vor, dass ich mir ein Abfrageblatt vorbereite. Darauf schreibe ich zunächst in verschiedene Zeilen die Zahlen 1 bis 10 und ergänze sie danach alle mit · 2:

1.)	3 • 2		**11.)**
2.)	8		**12.)**
3.)		2	**13.)**
4.)		9	**14.)**
5.)	1	6	**15.)**
6.)			**16.)**
7.)	5		**17.)**
8.)		4	**18.)**
9.)	10		**19.)**
10.)		7	**20.)**

Dann schreibe ich in die leeren Zeilen noch einmal die Zahlen von 1 bis 10 und ergänze sie jetzt, indem ich bei jeder Zahl 2 · voranstelle. So erhalte ich auch die Tauschaufgaben:

1.)	3 • 2	5	**11.)**
2.)	8 • 2	4	**12.)**
3.)	2 • 10	2 • 2	**13.)**
4.)	2 • 3	9 • 2	**14.)**
5.)	1 • 2	6 • 2	**15.)**
6.)	2 • 7	2	**16.)**
7.)	5 • 2	8	**17.)**
8.)	2 • 1	4 • 2	**18.)**
9.)	10 • 2	9	**19.)**
10.)	2 • 6	7 • 2	**20.)**

Abfragen der Aufgaben
Zum Abfragen lese ich die Aufgaben vor. Die Kinder schreiben nur die Ergebnisse mit Bleistift in die Zeilen. Weiß ein Kind ein Ergebnis nicht, macht es an der entsprechenden Stelle einen Strich.

Da jede Zeile nummeriert ist, gibt es auch kein Durcheinander, wenn ein Kind nicht mehr weiß, wo wir gerade sind. Ich nenne dann einfach die entsprechende Aufgabennummer.

Sind alle 20 Aufgaben abgefragt, legen die Kinder den Bleistift in ihr Etui und nehmen einen Farbstift heraus. Dieser Stiftwechsel ist wichtig, weil so das Mogeln schwieriger wird. Ich nenne nun die Ergebnisse der einzelnen Aufgaben und die Kinder haken ab, was richtig ist, und streichen durch, was falsch ist. Damit ich nicht in der Zeile verrutsche, schreibe ich jedes Ergebnis, das ich genannt habe, hinter die betreffende Aufgabe. So weiß auch ich immer, was bereits erledigt wurde.

Die Einmaleins-Rennbahn
Zum Schluss tragen die Kinder auf dem Abfrageblatt ein, wie viele Richtige sie hatten. Wer alle 20 Aufgaben richtig hatte (und nur der!), darf auf seiner Rennbahn ein Feld ausmalen. Die Rennbahn besteht aus 20 Feldern, auf denen so mit jedem richtigen Abfrageblatt immer weiter vorgerückt wird. (Vorlagen Rennbahnen ab Seite 61)

Jedes fünfte Rennbahnfeld ist eine „Raststätte“, da gibt es bei mir immer einen Keks.

Wer am Ziel einer Rennbahn angelangt ist, bekommt die doppelte Keksration und fängt am nächsten Tag mit der neuen Rennbahn an. Diese Reihenfolge haben bei mir die Rennbahnen:

Die einfache Rennbahn
Die Berg- und Talbahn
Der Rechenparcours
Die Trauminsel

Tägliches Kopfrechnen ist ein wichtiger Bestandteil meiner Rechenstunden. Ab dem Einführen der Einmaleinsreihen bis zu ihrer vollständigen Beherrschung, also mindestens in der zweiten Hälfte des 2. Schuljahres und in der ersten Hälfte des 3. Schuljahres, frage ich in meiner Klasse täglich das Einmaleins ab. Zunächst nur die Reihe, die gerade dran ist, später werden die Reihen gemischt. Das Rechentraining kommt bei mir immer zu Beginn einer Rechenstunde dran. Es dauert mit Korrektur durch die Kinder keine 10 Minuten.

Zusatzaufgabe bei weniger als 20 Richtigen
Wer keine 20 Richtigen hat, muss zu Hause die abgefragte Einmaleinsreihe aufschreiben, einmal vorwärts, einmal rückwärts. Also:

$1 \cdot 2 = 2$	$10 \cdot 2 = 20$
$2 \cdot 2 = 4$	$9 \cdot 2 = 18$
$3 \cdot 2 = 6$	$8 \cdot 2 = 16$
usw.	usw.

Ich bin sehr konsequent dabei, von Kindern, die die Einmaleinsreihe noch nicht perfekt können, diese Zusatzaufgabe zu verlangen. Das hat nichts mit „Strafe“ zu tun, sondern ist die logische Konsequenz: Jeder muss üben, bis er es kann. Das Aufschreiben der Reihe ist eine Sache von wenigen Minuten, kann also wirklich nicht als große Arbeit verstanden werden. Es ist aber lernpsychologisch sinnvoll, weil es eine nachprüfbare Beschäftigung mit dem Einmaleins ist und weil über das Schreiben die Gedächtnistätigkeit unterstützt wird.

Natürlich kommen nicht alle Kinder gleich schnell vorwärts auf den Rennbahnen. Das ist eine Situation in der Schule, die nicht zu ändern ist: Manche Kinder müssen mehr üben als andere. Wichtig ist, dies ganz normal zu finden, dann wird das auch von den Kindern angenommen.

Schwache Rechnerinnen und Rechner, die zunächst keine Erfolge verzeichnen können, sind froh, wenn sie Tipps zum Einmaleinslernen bekommen, weil auch sie alle 20 Aufgaben können wollen (täglich üben, nur kurz, aber wirklich täglich; in der Freiarbeit Aufgaben legen usw.). Damit ist in meinen Augen die Absicht vollkommen erreicht und ich habe die Rennbahnen schon an viele Kolleginnen weitergegeben, die ebenfalls positive Erfahrungen damit machen.

Vor vielen Jahren hatte ich solche Rennbahnkünstler, dass sie mich plagten, ich möge ihnen für die Ferien doch eine Riesen-Rennbahn entwerfen. Damals entstand eine Super-Trooper-Achterbahn mit 30 Feldern. Das zeigt für mich deutlicher als jeder didaktische Exkurs, wie sehr dieser „sportliche Kick“ des Rennbahnrechnens die Kinder motiviert.

Vorlage Abfrageblätter

Name: ____________________ Datum: __________

1.)			11.)
2.)			12.)
3.)			13.)
4.)			14.)
5.)			15.)
6.)			16.)
7.)			17.)
8.)			18.)
9.)			19.)
10.)			20.)

Richtig: __________

Name: ____________________ Datum: __________

1.)			11.)
2.)			12.)
3.)			13.)
4.)			14.)
5.)			15.)
6.)			16.)
7.)			17.)
8.)			18.)
9.)			19.)
10.)			20.)

Richtig: __________

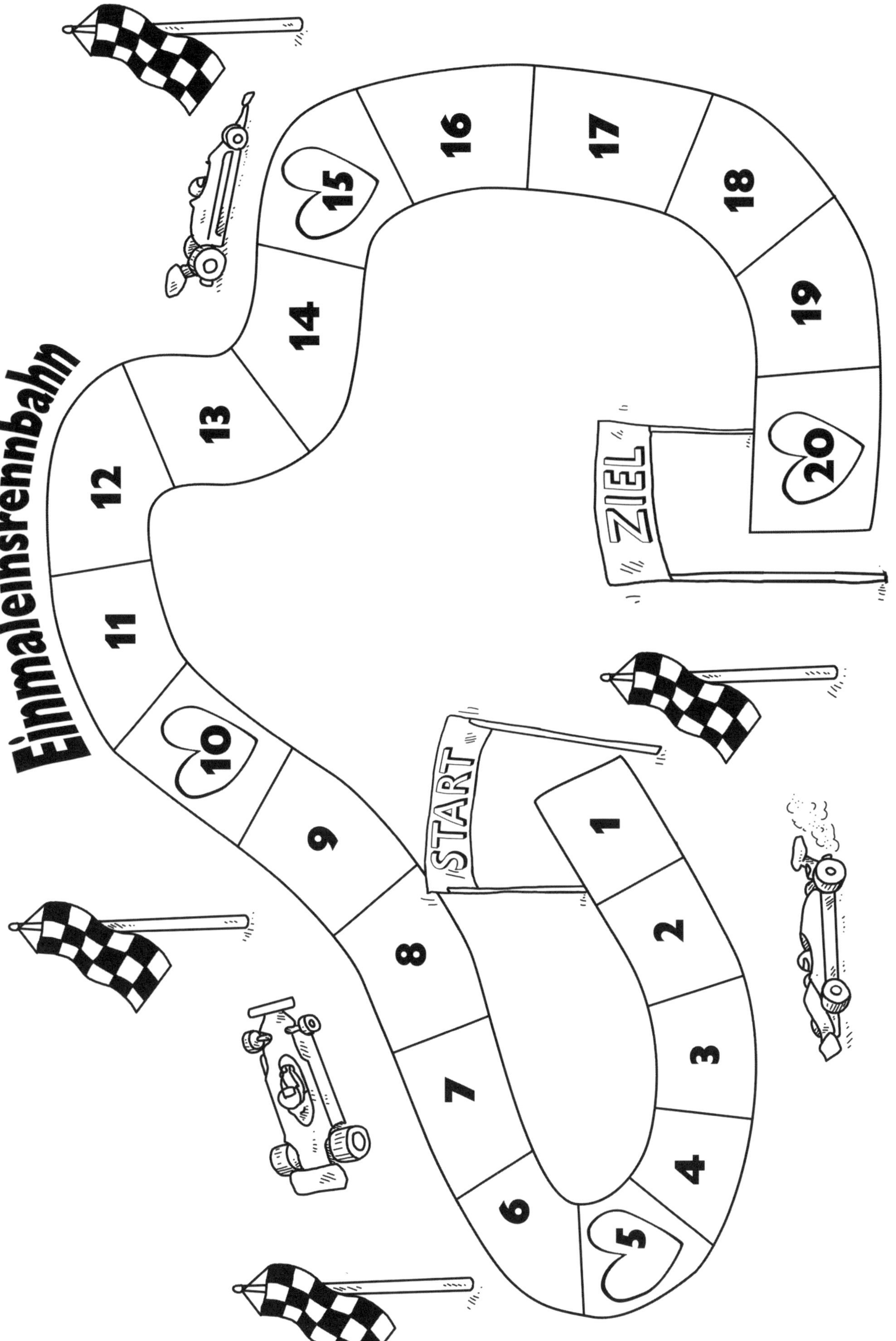
Einmaleinsrennbahn
START
1
2
3
4
5
6
7
8
9
10
11
12
13
14
15
16
17
18
19
20
ZIEL

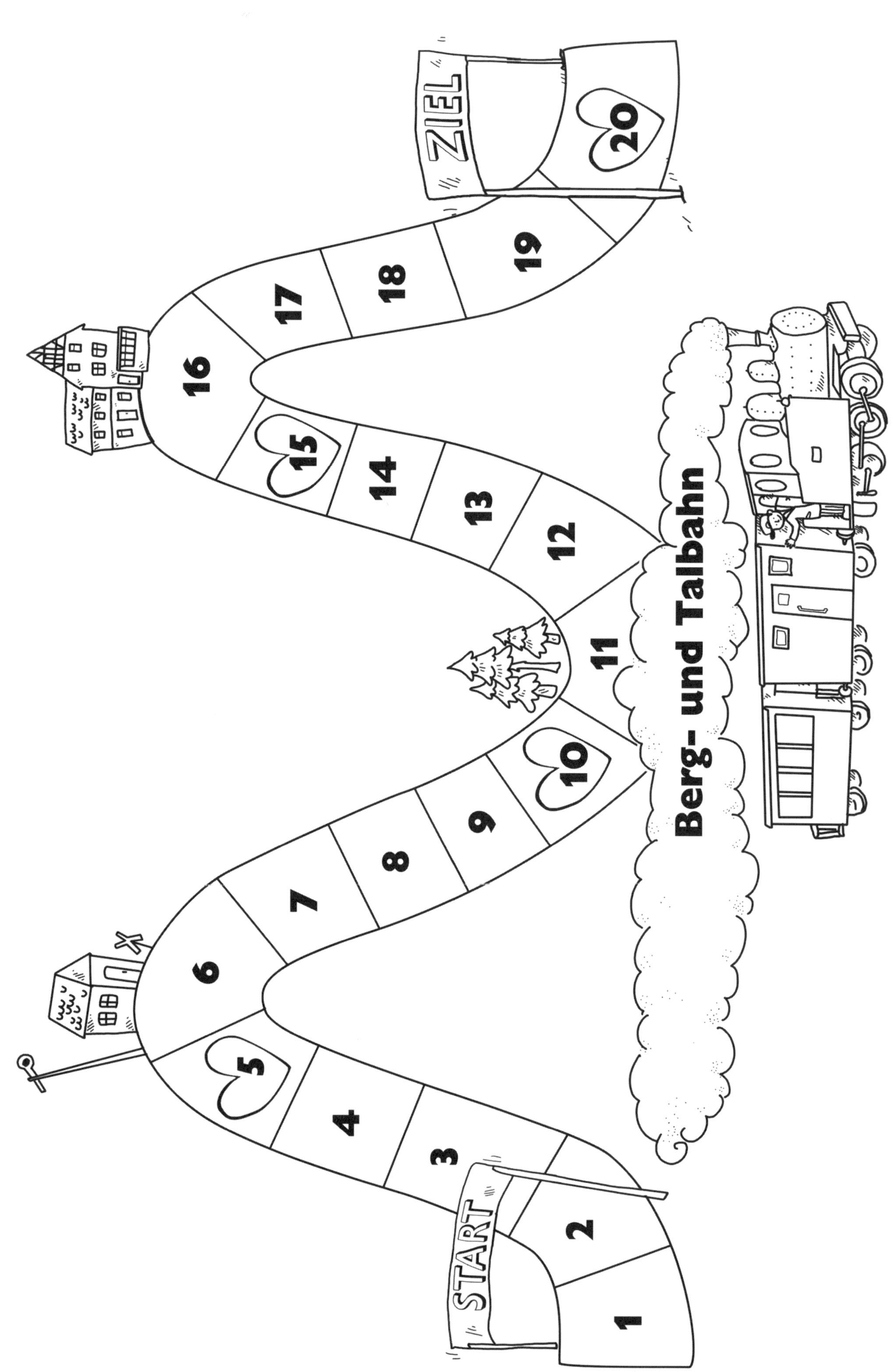

Berg- und Talbahn
START
1
2
3
4
5
6
7
8
9
10
11
12
13
14
15
16
17
18
19
20
ZIEL

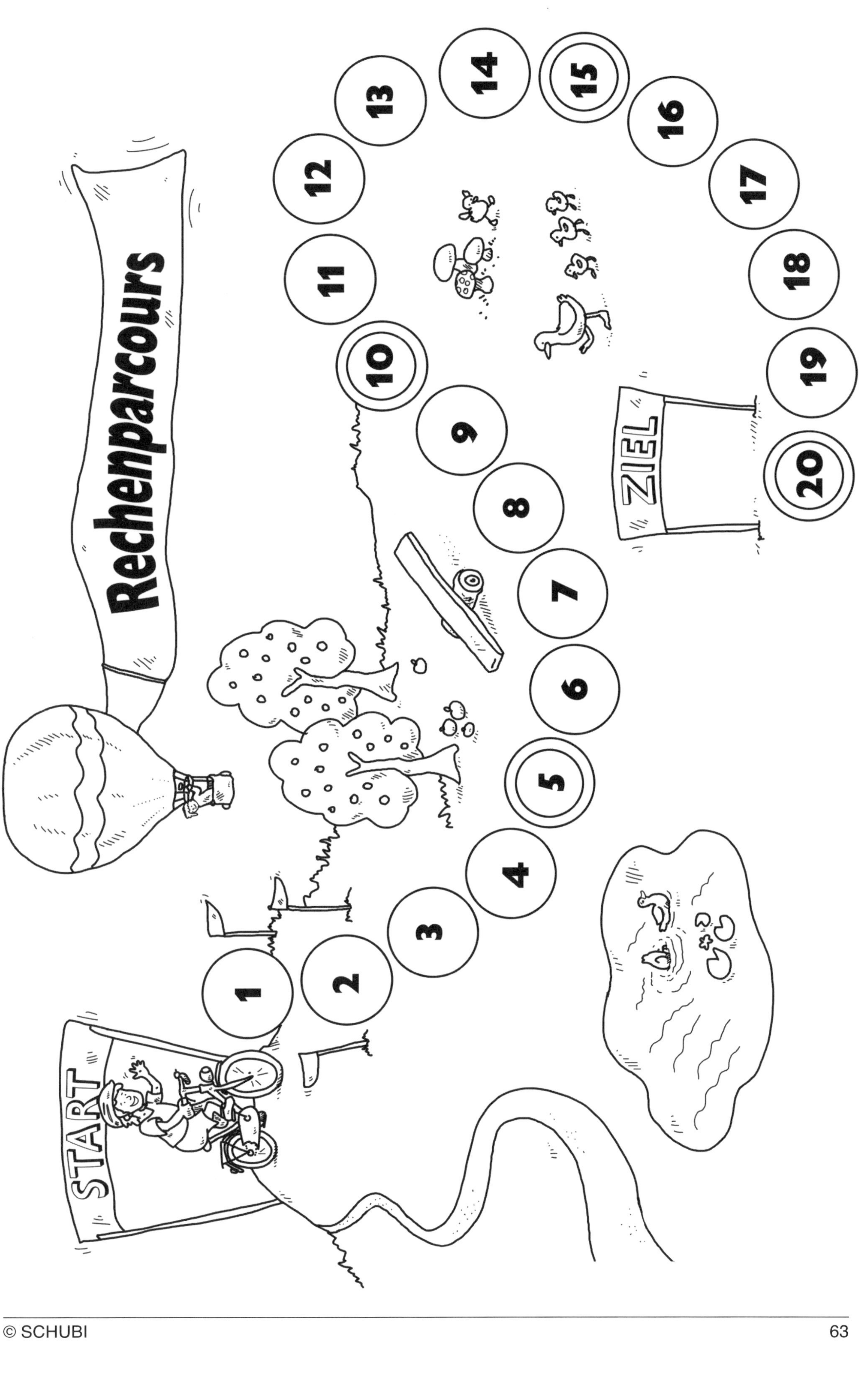
Rechenparcours
START
ZIEL
1
2
3
4
5
6
7
8
9
10
11
12
13
14
15
16
17
18
19
20

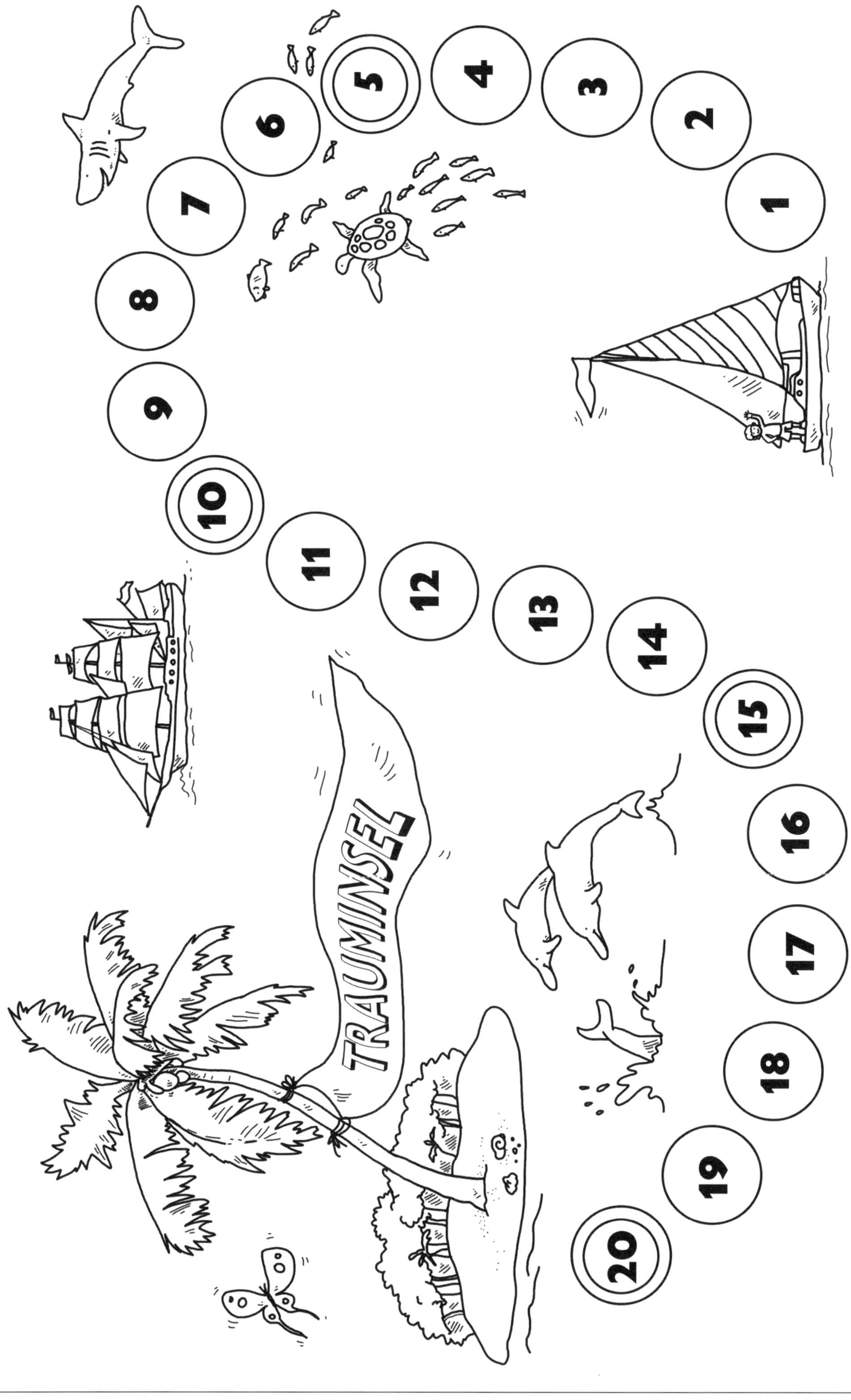
1
2
3
4
5
6
7
8
9
10
11
12
13
14
15
16
17
18
19
20
TRAUMINSEL

Das Lied zur Viererreihe

Gacki mag Schnatti

Am Sonntagmorgen am grünen See
zwei Schnatterenten tranken Tee.
Die Algen schmeckten ihnen sehr.
Was dann geschah ... hört doch mal her.

Hallo Schnatti, wie geht's dir heute?
Unterwegs 'ne ganze Meute,
Sonntag ist heut bei den Riesen
mit zwei Händen und zwei Füßen,
Tretboot fahr'n sie bei uns hier,
1 mal 4 – na klar – gleich 4.

Grüß dich Gacki, gut geschlafen?
Wie's mir geht? Schau mal zum Hafen!
Alle Boote unterwegs! Gut geht's!
Heut gibt's Brot und Keks!
Die Riesen hab'n was mitgebracht,
2 mal 4 gleich 8.

Di dong di di ge di ge dong dig dig ...
Riesen haben was mitgebracht,
4 mal 2 gleich 8.

Jetzt betrachte mal den Riesen,
rote Haare auf ihm sprießen.
Was hat er in die Hand genommen?
Kekse? Nichts wie hin geschwommen!

Bahn frei – Gacki, der kommt hier,
12 – hurra – macht 3 mal 4.
Auch der Schnatti rast herbei,
12 – hurra – macht 4 mal 3.
Kekse, Kekse, wollen wir!
16 kommt aus 4 mal 4.

Di dong di di ge di ge dong dig dig ...
Über'n Bootsrand beugt der Mann sich,
5 mal 4 gleich 20.

Autsch, du hackst ins Auge mir,
24 ... 6 mal 4,
unser Riese ist perplex,
24 ... 4 mal 6.
Schnatti weint jetzt dicke Tränen,
Gacki, oh du musst dich schämen.
Die Butter im Keks war eh schon ranzig,
7 mal 4 gleich 28.
Wird Schnatti Gacki jetzt noch lieben?
28 ... 4 mal 7.

Ich war so gierig, ach das weiß ich,
4 mal 8 gleich 32,
und wollte nur den Keks vor dir,
32 ... 8 mal 4.
Schon gut Gacki, dir verzeih ich,
9 mal 4 gleich 36,
gefährlich ist sie – diese Gier,
36 ... 9 mal 4.

Di dong di di ge di ge dong dig dig ...
Kekse hin, Kekse her,
Rücksicht nehmen, das ist mehr!

Hab dir verzieh'n, brauchst dich nicht
scheu'n,
36 ... 4 mal 9.
Es war keine Absicht, ja das weiß ich,
9 mal 4 gleich 36.

Di dong di di ge di ge dong dig dig ...
Nächstes Mal da gibt's nur Brot
vom blonden Riesen im blauen Boot.
Gacki mag Schnatti, das glauben wir,
40 ist gleich 10 mal 4.
Jetzt ist die Geschichte rum,
di dong di di ge di ge dong dum dum ...

Arbeiten mit den Liedern der 1 x 1 Hitparade

Bewegungsübungen zum Lied der Viererreihe (Track-Nr. 4)

Nach den Erfahrungen mit dem Lied zur Zweierreihe kann jetzt die Bewegungsabfolge etwas anspruchsvoller werden. Wenn Sie für diese Art der Memotechnik Interesse bekommen haben, werden Ihnen bestimmt selbst Möglichkeiten für Bewegungsabfolgen einfallen. Der Fantasie sind keine Grenzen gesetzt. Wichtig ist, dass Sie sich selbst wohlfühlen, dann kommt das Ganze auch bei den Kindern gut an.

Das Lied von Gacki und Schnatti besteht aus zwei immer wiederkehrenden Teilen:

- Strophen, in denen die Geschichte von Gacki und Schnatti erzählt wird
- Refrain: Di dong di di ge di ge dong dig dig …

Bei Takten mit reiner Instrumentalmusik wird die gleiche Bewegung durchgeführt wie während der Strophen.

Bewegungen zum Lied

Strophen

Alle joggen im Takt auf der Stelle. Wird das richtig gemacht, ist es durchaus anstrengend und hat den Effekt „echter" Gymnastik. Dieses Auf-der-Stelle-Joggen zu flotter Musik ist eine wertvolle Möglichkeit, in kurzer Zeit und auf dem beengten Platz eines Klassenzimmers allen Kindern die Möglichkeit zur Bewegung zu geben.

Alternative: Man kann auch von einem Fuß auf den anderen gemütlich durch das Zimmer „watscheln".

Refrain

1
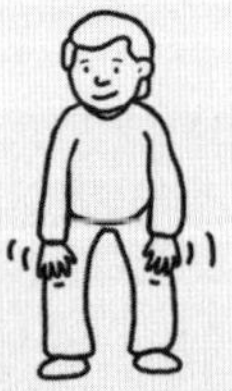
mit beiden Handflächen auf die Oberschenkel patschen

2

in die Hände klatschen

3

den rechten Arm hochstrecken

4

den linken Arm hochstrecken

5

mit beiden Händen auf die Oberschenkel patschen

6

mit beiden Händen auf den Po patschen

7

auf den rechten Fuß treten und gleichzeitig mit den Fingern der rechten Hand schnippen

8

auf den linken Fuß treten und gleichzeitig mit den Fingern der linken Hand schnippen

Danach beginnt der Bewegungsablauf wieder von vorne.

Auch bei diesem Lied sollen die Kinder im Laufe der Zeit Melodie und Text so ins Ohr bekommen, dass sie bereits im Voraus wissen, wann was kommt, und somit vom ersten Ton an im richtigen Bewegungsmodus sind, ohne zu zögern oder abzuschauen. Wer ein ganzes Lied lang an den verschiedenen Stellen das Richtige tut, zeigt, dass er sich hervorragend konzentrieren kann.

Einfache Variante:
Es werden nur die Bewegungen 1 bis 4 ausgeführt. Bei langsamem Tempo wird diese Abfolge während des Refrains viermal durchgeführt, bei schnellem Tempo achtmal.

Verteilung der Bewegungen am Beispiel des ersten Refrains:

Langsames Tempo (nur Bewegungen 1 bis 4)

Di dong di di ge di ge dong dig dig. Di dong di di ge di ge dong dig dig.
1 2 3 4 1 2 3 4

Rie- sen, haben was mit - ge - bracht, 4 mal 2 gleich 8.
1 2 3 4 1 2 3 4

Langsames Tempo (Bewegungen 1 bis 8)

Di dong di di ge di ge dong dig dig. Di dong di di ge di ge dong dig dig.
1 2 3 4 5 6 7 8

Rie- sen, haben was mit - ge - bracht, 4 mal 2 gleich 8.
1 2 3 4 5 6 7 8

Schnelles Tempo (doppelt so schnell, da ist Konzentration gefragt!)

Di dong di di ge di ge dong dig dig. Di dong di di ge di ge dong dig dig.
1 2 3 4 5 6 7 8 1 2 3 4 5 6 7 8

Rie- sen, haben was mit - ge - bracht, 4 mal 2 gleich 8.
1 2 3 4 5 6 7 8 1 2 3 4 5 6 7 8

Ablauf für das ganze Lied:

Am Sonntagmorgen am grünen See zwei Schnatterenten tranken Tee. Die Algen schmeckten ihnen sehr. Was dann geschah ... hört doch mal her.	*Alle stehen ruhig*

Hallo Schnatti, wie geht's dir heute?
Unterwegs 'ne ganze Meute,
Sonntag ist heut bei den Riesen
mit zwei Händen und zwei Füßen,
Tretboot fahr'n sie bei uns hier,
1 mal 4 – na klar – gleich 4.

Joggen auf der Stelle

Grüß dich Gacki, gut geschlafen?
Wie's mir geht? Schau mal zum Hafen!
Alle Boote unterwegs! Gut geht's!
Heut gibt's Brot und Keks!
Die Riesen hab'n was mitgebracht,
2 mal 4 gleich 8.

Joggen auf der Stelle

Di dong di di ge di ge dong dig dig ...
Riesen haben was mitgebracht,
4 mal 2 gleich 8.

Bewegungen 1 bis 4 oder 1 bis 8 langsam oder schnell

Jetzt betrachte mal den Riesen,
rote Haare auf ihm sprießen.
Was hat er in die Hand genommen?
Kekse? Nichts wie hin geschwommen!

Joggen auf der Stelle

Bahn frei – Gacki, der kommt hier,
12 – hurra – macht 3 mal 4.
Auch der Schnatti rast herbei,
12 – hurra – macht 4 mal 3.
Kekse, Kekse, wollen wir!
16 kommt aus 4 mal 4.

Joggen auf der Stelle

Zwischenspiel

Alle stehen ruhig

Di dong di di ge di ge dong dig dig ...
Über'n Bootsrand beugt der Mann sich,
5 mal 4 gleich 20.

Bewegungen 1 bis 4 oder 1 bis 8 langsam oder schnell

Autsch, du hackst ins Auge mir,
24 ... 6 mal 4,
unser Riese ist perplex,
24 ... 4 mal 6.
Schnatti weint jetzt dicke Tränen,
Gacki, oh du musst dich schämen.
Die Butter im Keks war eh schon ranzig,
7 mal 4 gleich 28.
Wird Schnatti Gacki jetzt noch lieben?
28 ... 4 mal 7.

Joggen auf der Stelle

usw. bis zum Ende des Liedes

Begleitend zum Anhören des Liedes zur Viererreihe können folgende Arbeitsaufträge bearbeitet werden:

Arbeitsblatt 17 und 18

Beschreibung Seite 36 oben und Seite 49 bis 51

Malen von Perlenketten

Immer vier Perlen in einer Farbe
Siehe Arbeitsblatt 11 und Vorlage Seite 46

Regenbogen-Einmaleinstiere

Siehe Arbeitsblatt 12 und Vorlage Seite 43

Malen von Aufgaben und Tauschaufgaben

Siehe Arbeitsblatt 13 und 14 und Vorlage Seite 44 und 45

Ausmalen von jeweils vier Gegenständen in einer Farbe

Siehe Seite 37, Bildvorlagen zum Erstellen eigener Blätter Seite 47 bis 48

Ausmalen von Rechtecken

Zu vorgegebenen Aufgaben
Siehe Arbeitsblatt 9 und Kopiervorlagen Seite 30 und 31

Name:	Datum:	17

Die Viererreihe

Male die Kugelreihen aus, immer die vier Kugeln, die zusammengehören, in einer Farbe. Du darfst die gleiche Farbe aber nicht zweimal direkt nacheinander verwenden.

Schreibe das Ergebnis hinter die Aufgabe.

○ ○ ○ ○
○ ○ ○ ○ 3 mal 4 = ____________
○ ○ ○ ○

○ ○ ○ ○ | ○ ○ ○ ○ | ○ ○ ○ ○

○ ○ ○ ○
○ ○ ○ ○
○ ○ ○ ○ 5 mal 4 = ____________
○ ○ ○ ○
○ ○ ○ ○

○ ○ ○ ○ | ○ ○ ○ ○ | ○ ○ ○ ○ | ○ ○ ○ ○ | ○ ○ ○ ○

○ ○ ○ ○
○ ○ ○ ○ 2 mal 4 = ____________

○ ○ ○ ○ | ○ ○ ○ ○

Male 4 gleiche Autos oder 4 gleiche Tiere oder 4 gleiche Blumen.

Name:	Datum:	18

Arbeiten mit Einmaleins-Bausteinen – Die Viererreihe

Setze alle Aufgaben aus deinen Bausteinen zusammen.
Schreibe die Ergebnisse auf:

1 • 4 = ______	6 • 4 = ______
2 • 4 = ______	7 • 4 = ______
3 • 4 = ______	8 • 4 = ______
4 • 4 = ______	9 • 4 = ______
5 • 4 = ______	10 • 4 = ______

Die Ergebnisse aus den Vierer-Bausteinen:

1 • 4 = ______

2 • 4 = ______

5 • 4 = ______

Schreibe auch die Tauschaufgaben auf:

4 • 1 = ______	______________
4 • 2 = ______	______________
______________	______________
______________	______________
______________	______________

Das Lied zur Achterreihe

Ali Bappo

Nachts im Traum erschien er mir,
ein Prinz, ich glaub aus Agadir.
Tausend Sterne lachten aus
seinen schwarzen Augen raus.
Ein Glitzerhemd hatt' an der Mann,
ein' Edelstein am Turban dran.
Stiefel, elegant in Braun,
konnt' kaum meinen Augen trau'n.
Sagt', er kommt aus einem Land,
1000 und eine Nacht genannt,
sein Pferd hätt ihn zu mir gebracht,
1 mal 8 gleich 8.

Ali Bappo nennt man mich,
ach ich freu mich königlich,
der Wüstenwind hat's mir gepfiffen:
Du hast das Einmaleins begriffen!
Ali Bappo nennt man mich,
ach ich freu mich königlich,
wir schenken dir 'nen Wüstenritt
zur Belohnung, kommst du mit?

Ja, bei mir hat's „klick" gemacht,
16 kommt aus 2 mal 8.
Ein Wüstenritt? Ich bin dabei!
16 ist auch 8 mal 2.

Die Wüste ruft, die Reiter warten,
sie steh'n am Bahnhof, wollen starten.
Komm mit und mach dir 'n Brot mit Butter,
hol die Erlaubnis von der Mutter.

Mama winkt mir nach und lacht,
24 ... 3 mal 8.
Morgen gibt es Haferbrei,
24 ... 8 mal 3.
„Viel Spaß", sagt sie, „den wünsch ich dir",
32 ... 8 mal 4.
Das war im Traum in tiefer Nacht,
32 ... 4 mal 8.

Hoch zu Ross mit Ali Bapper,
durch die Gass' klingt Hufgeklapper,
sag ich euch, das ist ein Spiel
und der Weg, der ist das Ziel.
Hoch zu Ross mit Ali Bapper,
durch die Gass' klingt Hufgeklapper.
Fliegen wir zur Wüste hin!
Der Weg das Ziel? Macht das denn Sinn?

Der Wüstenwind pfeift's euch mit Macht:
40 das macht 5 mal 8.
Der Wind weht heiß,
die Luft riecht würzig,
8 mal 5, na klar, gleich 40.
Hü hott voran, die Wüste ruft,
orientalisch' Musik groovt,
berühmt ist Bappers Wüstennacht,
48 ... 6 mal 8.

Die 80 ist gleich 10 mal 8,
der Wüstenhund am Feuer wacht,
die Hälfte ist gleich 5 mal 8,
40 Sterne sind erwacht.

Angekommen, welch ein Trubel!
Zur Begrüßung großer Jubel!
Eine schwarz gelockte Fee
bringt den Pfefferminzentee.
Gundula mit neuem Besen
sieht man übers Feuer pesen.
Ali singt, ist ganz entspannt
und hält der schönen Fee die Hand.
Ich lieb dich immer, jetzt und künftig,
7 mal 8 gleich 56.
Bis bald, ich reit jetzt in die Nacht,
56 ... 7 mal 8.
Viel gesungen, oh jetzt krächz ich,
8 mal 8 gleich 64.

Dann bin ich wieder aufgewacht,
72 ... 9 mal 8.
Die 80 ist gleich 10 mal 8,
der Wüstenhund am Feuer wacht,
die Hälfte ist gleich 5 mal 8,
40 Sterne sind erwacht.

Das war ein Traum und der war schön.
Mach weiter so und du wirst seh'n:
Bald kommt die nächste Wüstennacht,
denn 80 kommt aus 10 mal 8.

Arbeiten mit den Liedern der 1 x 1 Hitparade

Bewegungsübungen zum Lied der Achterreihe (Track-Nr. 8)

Das Lied von Ali Bappo enthält orientalische Klänge. Da sich durch die Gliederung des Liedes Bewegungswechsel nicht von selbst ergeben, können verschiedene Bewegungen ohne feste Reihenfolge ausgeführt werden. Um den Wechsel der Bewegung anzuzeigen, klatsche ich kurz (alternativ: Becken, Triangel, Klangstab), sage an, was drankommt, und mache es gleichzeitig vor. Wichtig ist, dass die Bewegungen zuvor ohne Musik eingeübt und in ihrer Bedeutung erklärt werden.

Am Anfang kann auch nur ein Teil des Liedes mit Bewegungen begleitet werden. Dann stoppen Sie die Musik kurz und lassen die Kinder am Platz den Rest des Liedes auf dem Textblatt mitlesen. Machen Sie es so, dass Sie sich selbst wohl dabei fühlen!

Bewegungen zum Lied

Turban wickeln
Wir stellen uns mit leicht gegrätschten Beinen hin und wickeln mit beiden Händen einen imaginären Turban um unseren Kopf. Dazu legen wir die rechte Handfläche an die linke Stirnseite und „wickeln" nach hinten, einmal um den Kopf herum. Dann legen wir die linke Handfläche an die rechte Stirnseite und „wickeln" ebenfalls, jetzt andersherum.

Diese Bewegungen wiederholen wir langsam und so rhythmisch wie möglich bis zum nächsten Wechsel.

Schlangenbeschwörer
Im Orient gibt es Magier aller Art. Besonders Schlangenbeschwörer gehören unserer Vorstellung nach dazu. Wir beschwören eine imaginäre Schlange durch magische Handbewegungen:

Wir legen die Hände gekreuzt so aufeinander, dass die Handflächen nach unten zeigen. Mit den gekreuzten Händen zeichnen wir über dem Boden eine quer zu unserem Körper liegende Acht und stellen uns vor, dass die Schlange mit ihrem Kopf unseren Händen folgt und sich so in Form einer Acht hin und her wiegt.

Verbeugung
Wir kreuzen die Arme über der Brust, verneigen uns langsam und würdevoll ganz tief. An der tiefsten Stelle der Verbeugung nehmen wir die Arme von der Brust und winkeln sie so an, dass die Unterarme und die Handflächen nach vorne zeigen.

Diese würdevolle Verbeugung wird mehrere Male wiederholt.

Spaziergang

Mit über der Brust gekreuzten Armen gehen wir langsam und würdevoll durch eine imaginäre orientalische Stadt (unser Klassenzimmer). Wenn wir die Schritte dem Tempo der Musik anpassen, schreiten wir sehr vornehm.

Wichtige Regel beim Spaziergang: Es wird nicht gesprochen und niemand wird angerempelt. Bei einem „Stau“ kann man langsam auf der Stelle gehen, bis der Weg wieder frei ist.

Reiten

Wir stellen uns leicht breitbeinig hin, beugen die Knie, nehmen imaginäre Zügel in die Hände und schaukeln mit dem Becken langsam im wiegenden Gang eines Pferdes.

Rhythmisch winken

Im Takt der Musik mit einer Hand winken, dann mit der anderen, dann nach Belieben mit beiden Händen.

Vorschlag Bewegungsablauf, beliebig abwandelbar:

Instrumentalvorspiel erster Teil (nur Saiteninstrumente)	*konzentriert stehen und warten*
Instrumentalvorspiel zweiter Teil (Schlagzeug kommt dazu)	*Spaziergang mit über der Brust gekreuzten Armen*
Nachts im Traum erschien er mir, ein Prinz, ich glaub aus Agadir. Tausend Sterne lachten aus seinen schwarzen Augen raus. Ein Glitzerhemd hatt' an der Mann, ein' Edelstein am Turban dran. Stiefel, elegant in Braun, konnt' kaum meinen Augen trau'n.	*Turban wickeln*
Sagt', er kommt aus einem Land, 1000 und eine Nacht genannt, Sagt', er kommt aus einem Land, 1000 und eine Nacht genannt, sein Pferd hätt ihn zu mir gebracht, 1 mal 8 gleich 8.	*Turban zur anderen Seite wickeln*
Ali Bappo nennt man mich, ach ich freu mich königlich, der Wüstenwind hat's mir gepfiffen: Du hast das Einmaleins begriffen! Ali Bappo nennt man mich, ach ich freu mich königlich, wir schenken dir 'nen Wüstenritt zur Belohnung, kommst du mit?	*mehrere Male Verbeugung*
Zwischenspiel	*Spaziergang mit über der Brust gekreuzten Armen*
Ja, bei mir hat's „klick“ gemacht, 16 kommt aus 2 mal 8. Ein Wüstenritt? Ich bin dabei! 16 ist auch 8 mal 2. Die Wüste ruft, die Reiter warten, sie steh'n am Bahnhof, wollen starten. Komm mit und mach dir 'n Brot mit Butter, hol die Erlaubnis von der Mutter.	*Kamelreiten*
Zwischenspiel	*Spaziergang mit über der Brust gekreuzten Armen*

Mama winkt mir nach und lacht, 24 ... 3 mal 8. Morgen gibt es Haferbrei, 24 ... 8 mal 3.	*rhythmisch winken mit einer Hand*
„Viel Spaß“, sagt sie, „den wünsch ich dir“, 32 ... 8 mal 4. Das war im Traum in tiefer Nacht, 32 ... 4 mal 8.	*rhythmisch winken mit der anderen Hand*
Hoch zu Ross mit Ali Bapper, durch die Gass' klingt Hufgeklapper, sag ich euch, das ist ein Spiel und der Weg, der ist das Ziel. Hoch zu Ross mit Ali Bapper, durch die Gass' klingt Hufgeklapper. Fliegen wir zur Wüste hin! Der Weg das Ziel? Macht das denn Sinn?	*Kamelreiten*
Zwischenspiel	*Spaziergang mit über der Brust gekreuzten Armen*
Der Wüstenwind pfeift's euch mit Macht: 40 das macht 5 mal 8. Der Wind weht heiß, die Luft riecht würzig, 8 mal 5, na klar, gleich 40. Hü hott voran, die Wüste ruft, orientalisch' Musik groovt, berühmt ist Bappers Wüstennacht, 48 ... 6 mal 8.	*Schlangen beschwören*
Die 80 ist gleich 10 mal 8, der Wüstenhund am Feuer wacht, die Hälfte ist gleich 5 mal 8, 40 Sterne sind erwacht.	
Zwischenspiel	*Spaziergang mit über der Brust gekreuzten Armen*
Angekommen, welch ein Trubel! Zur Begrüßung großer Jubel! Eine schwarz gelockte Fee bringt den Pfefferminzentee Gundula mit neuem Besen sieht man übers Feuer pesen. Ali singt, ist ganz entspannt und hält der schönen Fee die Hand.	*mehrere Male Verbeugung*
Zwischenspiel	*Spaziergang mit über der Brust gekreuzten Armen*
Ich lieb dich immer, jetzt und künftig, 7 mal 8 gleich 56. Bis bald, ich reit jetzt in die Nacht, 56 ... 7 mal 8. Viel gesungen, oh jetzt krächz ich, 8 mal 8 gleich 64.	*Schlangen beschwören*
Dann bin ich wieder aufgewacht, 72 ... 9 mal 8. Die 80 ist gleich 10 mal 8, der Wüstenhund am Feuer wacht, die Hälfte ist gleich 5 mal 8, 40 Sterne sind erwacht.	
Das war ein Traum und der war schön. Mach weiter so und du wirst seh'n: Bald kommt die nächste Wüstennacht, denn 80 kommt aus 10 mal 8.	*rhythmisch winken*
	Spaziergang zurück zum eigenen Platz

Begleitend zum Anhören des Liedes zur Achterreihe können folgende Arbeitsaufträge bearbeitet werden:

Arbeitsblatt 19 und 20

Beschreibung Seite 36 oben und Seite 49 bis 51

Malen von Perlenketten

Immer acht Perlen in einer Farbe
Siehe Arbeitsblatt 11 und Vorlage Seite 46

Regenbogen-Einmaleinstiere

Siehe Arbeitsblatt 12 und Vorlage Seite 43

Malen von Aufgaben und Tauschaufgaben

Siehe Arbeitsblatt 13 und 14 und Vorlage Seite 44 und 45

Ausmalen von jeweils acht Gegenständen in einer Farbe

Siehe Seite 37, Bildvorlagen zum Erstellen eigener Arbeitsblätter Seite 47 bis 48

Ausmalen von Rechtecken

Zu vorgegebenen Aufgaben
Siehe Arbeitsblatt 9 und Kopiervorlagen Seite 30 und 31

Name: | Datum: | 19

Die Achterreihe

Male die Kugelreihen aus, immer die acht Kugeln, die zusammengehören, in einer Farbe.

Schreibe das Ergebnis hinter die Aufgabe.

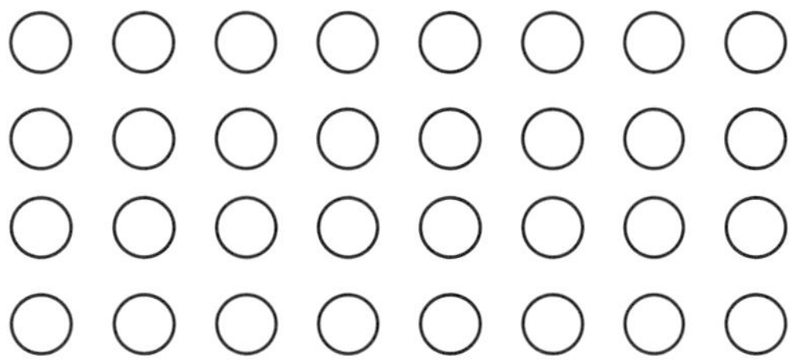

4 mal 8 = ______

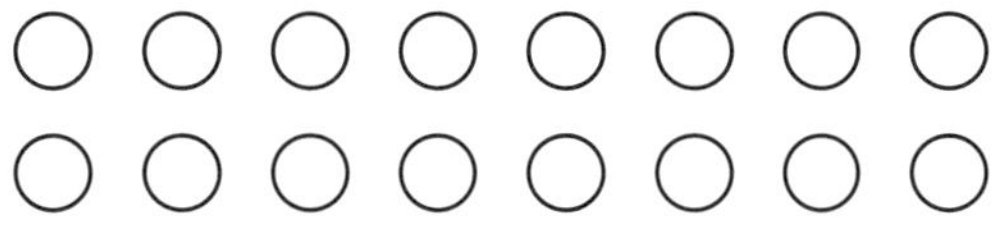

2 mal 8 = ______

Male verschiedene Spinnen und Tintenfische.
Denn diese Tiere haben 8 Beine.

Name:	Datum:	20

Arbeiten mit Einmaleins-Bausteinen – Die Achterreihe

Setze alle Aufgaben aus deinen Bausteinen zusammen.
Schreibe die Ergebnisse auf.

1 • 8 = ______
2 • 8 = ______
3 • 8 = ______
4 • 8 = ______
5 • 8 = ______

6 • 8 = ______
7 • 8 = ______
8 • 8 = ______
9 • 8 = ______
10 • 8 = ______

Die Ergebnisse aus den Achter-Bausteinen:

1 • 8 = ______
2 • 8 = ______
5 • 8 = ______

Schreibe auch die Tauschaufgaben auf:

8 • 1 = ______
8 • 2 = ______
____
____
____

____
____
____
____
____

Das Lied zur Dreierreihe

Sole mio green

Loma loma loma sole mio green ...

Weiße Trauben ess' ich gern,
rote noch viel lieber,
aber auch Johannisbeer'n
krieg ich niemals über.
Doch heute gibt's im Kochkurs hier
aus Zutaten 1, 2, 3, 4,
ein' Cocktail ganz spezieller Sorte,
dazu ein Stückchen Apfeltorte.
Der Cocktail heißt – jetzt hört gut hin:
Sole sole mio green.

Loma loma loma sole mio green ...

Ein halber Apfel ist dabei,
1 mal 3 gleich 3,
ein herrliches Gewächs,
2 mal 3 gleich 6.
Orangenschnitze davon 3,
6 das ist auch 3 mal 2.
Dann kommt Zitronensprudel rein,
3 mal 3 das ist gleich 9.
Honig rein und ausprobieren,
hilft uns, dass wir nicht mehr frieren.
Dann 'ne Handvoll Petersilie,
diese aber ohne Stiele,
so als Gag dazu gemacht,
Gundula ist aufgewacht.

Petersilie? Jeden Tag
kann ich sie vertragen.
3 mal 4 das ist gleich 12,
sie stärkt Herz und Magen.

Loma, loma, loma sole mio green ...

Petersilie – letzter Schrei,
12 kommt raus bei 4 mal 3,
stärkt die Nerven, man verwende,
sie beim Kochen erst am Ende.
Sie leuchtet grün wie Gras im Mai,
15 ist gleich 5 mal 3.
Ohrgewackel, Nasenrümpf,
15 ist auch 3 mal 5.

Der Mixer brummt ganz laut beim Dreh'n,
6 mal 3 gleich 18.
Das war ein Vortrag von der Hex',
18 ist auch 3 mal 6.

Loma loma loma sole mio green ...

Peter-Petersilie pflanz ich,
7 mal 3 gleich 21,
fühlt sich wohl da neben den Rüben,
21 ... 3 mal 7.
Der Cocktail Sole mio green
ist fertig, lass in kurz noch zieh'n.
Sole mio green – da tanz ich,
8 mal 3 gleich 24.

„Vor dem Trinken Cocktail schwenken,
der ist super für das Denken",
sagt die Hexe uns sie lacht,
„24 ... 3 mal 8."

Loma loma loma sole mio green ...

Peter-Petersilie pflanz ich,
3 mal 9 gleich 27.
Und bereits die alten Griechen
sah man an den Kräutern riechen.
Prüften so, was heilsam sei,
27 ... 9 mal 3.
Würzen, eine Kunst, das weiß ich,
10 mal 3 das ist gleich 30.

Nadel, Faden, Fingerhut,
Petersilie schmeckt mir gut.
In Österreich sagt man „Petersil",
da meldet sich mein Besenstiel.
Die Schweizer sagen „Peterli" –
mein Besen dreht sich wie noch nie!
Ja Besen, ja, wir starten schon!
Bis bald, wir fliegen nun davon!

Loma loma loma
sole mio green ...

Arbeiten mit den Liedern der 1 x 1 Hitparade

Bewegungsübungen zum Lied der Dreierreihe (Track-Nr. 3)

Im Lied „Sole mio green“ wird ein Rezept für einen Kinderdrink geliefert. Besonders motivierend ist es, wenn der Drink tatsächlich in der Schule gemixt wird. Das kann gut mit einem gesunden Frühstück kombiniert werden (Rezept Seite 88).

Das Lied zur Dreierreihe besteht aus Strophen und dem Refrain Loma, loma, loma sole mio green.

Bewegungen zum Lied

Refrain
Während des Refrains stehen alle still und singen nach Möglichkeit mit.

Variante: Alle bewegen sich im Wiegeschritt hin und her, evtl. zusätzlich mit Klatschen oder Fingerschnippen.

Strophen
Das Lied hat einen 4er-Takt, das heißt, dass jede Bewegungsabfolge eine gerade Zahl von Einzelschritten braucht, am besten eine 4er-Zahl: Wir können also eine Abfolge aus 4, 8, 12, 16 usw. Einzelteilen durchführen. Die Bewegungen können langsam oder schnell ausgeführt werden, sodass zu einer Textzeile 2 oder 4 Bewegungen passen.

Variante A
Abfolge aus vier verschiedenen Bewegungen, die rechts und links ausgeführt werden. So ergeben sich insgesamt 8 Zählzeiten:

Schenkelpatschen	rechts	links
Arm seitlich ausstrecken	rechts	links
Fingerschnippen	rechts	links
Stampfen	rechts	links

auf den rechten Oberschenkel patschen — *auf den linken Oberschenkel patschen* — *den rechten Arm waagrecht zur Seite ausstrecken* — *den linken Arm waagrecht zur Seite ausstrecken*

Fingerschnippen rechts — *Fingerschnippen links* — *Stampfen rechts* — *Stampfen links*

Variante A / langsames Bewegungstempo

Refrain im Wiegeschritt:

Loma loma loma sole mio green mio mio ...
Links rechts links rechts

Loma loma loma sole mio green mio mio ...
Links rechts links rechts

Loma loma loma sole mio green mio mio ...
Links rechts links rechts

Strophe:

Weiße Trauben ess' ich gern, rote noch viel lieber,
1 2 3 4

aber auch Jo-hannisbeer'n krieg ich niemals über.
5 6 7 8

Doch heute gibt's im Kochkurs hier aus Zutaten 1, 2, 3, 4,
1 2 3 4

ein' Cocktail ganz spezieller Sorte, dazu ein Stückchen Apfeltorte.
5 6 7 8

Der Cocktail heißt – jetzt hört gut hin: Sole sole mio green.
1 2 3 4

Der Cocktail heißt – jetzt hört gut hin: Sole sole mio green.
5 6 7 8

Alle Strophen werden mit diesen Bewegungen begleitet.

Refrain im Wiegeschritt:

Loma loma loma sole mio green mio mio ...
Links rechts links rechts

Loma loma loma sole mio green mio mio ...
Links rechts links rechts

Variante A / schnelles Bewegungstempo:

Strophe:

Weiße Trauben ess' ich gern, rote noch viel lieber,
1 2 3 4 5 6 7 8

aber auch Johannisbeer'n krieg ich niemals über.
1 2 3 4 5 6 7 8

Doch heute gibt's im Kochkurs hier aus Zutaten 1, 2, 3, 4,
1 2 3 4 5 6 7 8

ein' Cocktail ganz spezieller Sorte, dazu ein Stückchen Apfeltorte.
1 2 3 4 5 6 7 8

Der Cocktail heißt – jetzt hört gut hin: Sole sole mio green.
1 2 3 4 5 6 7 8

Der Cocktail heißt – jetzt hört gut hin: Sole sole mio green.
1 2 3 4 5 6 7 8

Variante B

Bei dieser Variante werden die Bewegungen von Variante A mit weiteren Bewegungen kombiniert:

Seitwärtsschritt nach rechts, Anstellschritt, Seitwärtsschritt, Anstellschritt und dazu klatschen
Seitwärtsschritt nach links, Anstellschritt, Seitwärtsschritt, Anstellschritt und dazu klatschen

Zuerst werden die Bewegungen von Variante A in schnellem Tempo durchgeführt und danach folgen die Seitwärtsschritte. Zur leichteren Orientierung stehen für die Seitwärtsschritte Buchstaben. Bei A, B und C geht die Bewegungsrichtung nach rechts, bei D, E und F geht die Bewegungsrichtung nach links.

A

Seitwärtsschritt rechts

B

Anstellschritt linkes Bein

C

Anstellschritt linkes Bein und gleichzeitig klatschen

D
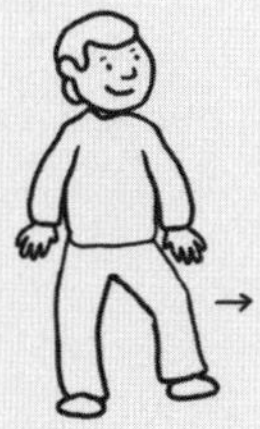
Seitwärtsschritt links

E

Anstellschritt rechtes Bein

F

Anstellschritt rechtes Bein und gleichzeitig klatschen

Refrain im Wiegeschritt:

Loma loma loma sole mio green mio mio ...
Links rechts links rechts

Loma loma loma sole mio green mio mio ...
Links rechts links rechts

Loma loma loma sole mio green mio mio ...
Links rechts links rechts

Strophe:

Weiße Trauben ess' ich gern, rote noch viel lieber,
1 2 3 4 5 6 7 8

aber auch Johannisbeer'n krieg ich niemals über.
A B A C D E D F

Doch heute gibt's im Kochkurs hier aus Zutaten 1, 2, 3, 4,
1 2 3 4 5 6 7 8

ein' Cocktail ganz spezieller Sorte, dazu ein Stückchen Apfeltorte.
A B A C D E D F

Der Cocktail heißt – jetzt hört gut hin: Sole sole mio green.
1 2 3 4 5 6 7 8

Der Cocktail heißt – jetzt hört gut hin: Sole sole mio green.
A B A C D E D F

Begleitend zum Anhören des Liedes zur Dreierreihe können folgende Arbeitsaufträge bearbeitet werden:

Arbeitsblatt 21 und 22

Beschreibung Seite 36 oben und Seite 49 bis 51

Malen von Perlenketten

Immer drei Perlen in einer Farbe
Siehe Arbeitsblatt 11 und Vorlage Seite 46

Regenbogen-Einmaleinstiere

Siehe Arbeitsblatt 12 und Vorlage Seite 43

Malen von Aufgaben und Tauschaufgaben

Siehe Arbeitsblatt 13 und 14 und Vorlage Seite 44 und 45

Ausmalen von jeweils drei Gegenständen in einer Farbe

Siehe Seite 37, Bildvorlagen zum Erstellen eigener Blätter Seite 47 bis 48

Ausmalen von Rechtecken

Zu vorgegebenen Aufgaben
Siehe Arbeitsblatt 9 und Kopiervorlagen Seite 30 und 31

Rezept für den Cocktail „Sole mio green“

Seite 88

Name: | Datum: | 21

Die Dreierreihe

Male die Kugelreihen aus, immer die drei Kugeln, die zusammengehören, in einer Farbe. Du darfst die gleiche Farbe aber nicht zweimal direkt nacheinander verwenden.

Schreibe das Ergebnis hinter die Aufgabe.

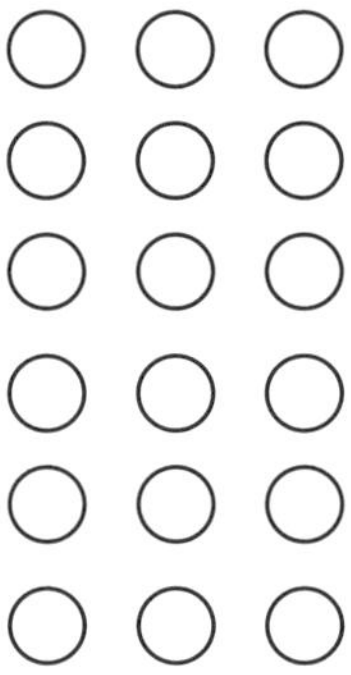

6 mal 3 = ____________

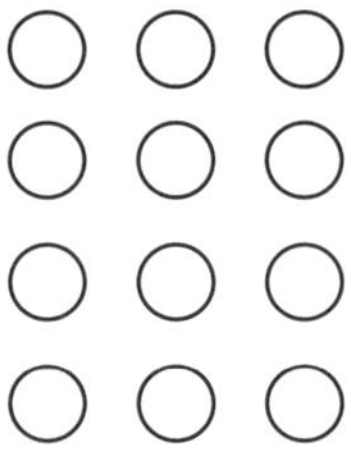

4 mal 3 = ____________

Male verschiedene Dreiecke, jedes in einer anderen Farbe.

Name:	Datum:	22

Arbeiten mit Einmaleins-Bausteinen – Die Dreierreihe

Setze alle Aufgaben aus deinen Bausteinen zusammen.
Schreibe die Ergebnisse auf:

1 • 3 = ______	6 • 3 = ______
2 • 3 = ______	7 • 3 = ______
3 • 3 = ______	8 • 3 = ______
4 • 3 = ______	9 • 3 = ______
5 • 3 = ______	10 • 3 = ______

Die Ergebnisse aus den Dreier-Bausteinen:

1 • 3 = ______

2 • 3 = ______

5 • 3 = ______

Schreibe auch die Tauschaufgaben auf:

3 • 1 = ______	______________
3 • 2 = ______	______________
______________	______________
______________	______________
______________	______________

Rezept für den Cocktail „Sole mio green“

Für 3 Personen:

$\frac{1}{2}$ süßer Apfel

3 Orangenschnitze

$\frac{1}{2}$ Liter Zitronenlimonade

oder

$\frac{1}{2}$ Liter Wasser mit 1 Esslöffel Honig

1 Handvoll Petersilie ohne Stiele

Alles im Mixer mixen, schon ist er fertig, der Sole mio green.

Das Lied zur Sechserreihe

Hexe Gundula

Unser Lehrer heißt Herr Brause,
ein prima Typ und sehr gerecht.
Er braucht ganz dringend eine Pause,
denn es geht ihm ziemlich schlecht.
„Burnout“ sagt dazu sein Doktor,
bedeutet ausgebrannt, k.o.,
müde in der Ecke hockt er,
Lehrer Brause ist nicht froh.
Mit Müh und Not schleppt Brause sich
zum Pult, ist blass ganz fürchterlich.
Er wünscht sich sehnlichst nur noch eins:
Hilfe für das Einmaleins.
Kaum hat er diesen Wunsch gedacht,
durchs Fenster fliegt sie froh und lacht ...

Hey, Kinder, dran ist 1 mal 1
und 0 mal 6 macht keins
und 1 mal 6 gleich 6,
ich bin Gundula die Hex'.
In meinem Haus wohnen 2 Wölf'
und 2 mal 6 das ist gleich 12.
Mein Tor das schmückt ein Hirschgeweih
und 12 das kommt aus 6 mal 2.
Herr Brause wünschte mich herbei
und 18 kommt aus 6 mal 3.
Ich dachte, geh mal nachseh'n,
3 mal 6 gleich 18.

Unser guter Lehrer Brause
braucht mal dringend ein Pause ...

Zog mir die Reiterhosen über,
nun bin ich hier, er freut sich drüber.
Zwar fällt ihm grad die Klappe runter,
das hier, das grenzt ja an ein Wunder.
Genug geredet, Mund schon fransig,
„4 mal 6 gleich 24“.
Rechenspaß – den haben wir,
„24 ... 6 mal 4“,
genug geredet ...

Bevor wir jetzt zur Hälfte kommen,
Herr Brause ist noch leicht benommen,
doch schaut mal unauffällig hin,
in dem Gesicht ist Farbe drin.
Auch atmet er jetzt wieder tiefer
und locker ist sein Unterkiefer.
Das deutet auf Entspannung hin,
nun macht sein Leben wieder Sinn.

Unser guter Lehrer Brause
braucht mal dringend eine Pause ...

Kinder, ihr seid klug und fleißig,
5 mal 6 das ist gleich 30,
was auch die Hälfte von 60 ist,
dass dies mir keiner mehr vergisst!

36 ... 6 mal 6,
ich bin Gundula die Hex',
36 ... 6 mal 6,
ich bin Gundula die Hex' ...

Unser guter Lehrer Brause
braucht mal dringend eine Pause ...

Bärenstark ist eure Klasse,
lauter Dichter, groß und klein.
Lehrer Brause kann zu Recht
stolz auf seine Schüler sein.
Ja, das kann er, das gebührt sich,
6 mal 7 gleich 42,
42 ... 7 mal 6,
„Du bist Gundula die Hex'".
Über sein Gesicht so rosig,
huscht ein Lächeln, fein und sacht,
48 – na was glaubt ihr?
„Klaro, das ist 6 mal 8".
Sehr zufrieden ist die Hex',
„48 ... 8 mal 6".
So, bald ist die Stunde rum
und der Lehrer lächelt stumm.

Unser guter Lehrer Brause
braucht mal dringend eine Pause ...

Kurz vor 60, was kommt hier?
Erst 'ne 5 und dann 'ne 4.
Was ich wohl jetzt damit meine?
„54 ... 6 mal neune".
Nebel, Schwefel, Nachtgewächs,
„54 ... 9 mal 6",
60 ist gleich 6 mal 10,
ich werd jetzt noch 'ne Runde dreh'n.

Lieber Brause, lieber Kinder!
Ach, das hat mir Spaß gemacht!
Ruft mich ruhig, auch im Winter,
komme gerne auch bei Nacht.
Wo hab ich denn den Besen steh'n?
Gang rein und davongedüst,
seid ganz herzlich ihr gegrüßt
und nochmal auf Wiedersehen.

Arbeiten mit den Liedern der 1 x 1 Hitparade

Bewegungsübungen zum Lied der Sechserreihe (Track-Nr. 6)

In den vielen Jahren, in denen ich nun schon Bewegungssequenzen im Unterricht bei verschiedensten Gelegenheiten einsetze, habe ich immer wieder festgestellt, dass Kinder es lieben, wenn sich der Schwierigkeitsgrad langsam steigert und sie so immer wieder neu herausgefordert werden.

Beim Lied zur Sechserreihe erweitern wir eine Abfolge aus 3 Schlägen so, dass bei jedem Durchgang zwei Bewegungen dazukommen. Es sind also erst 3 Zählzeiten, dann 5, dann 7 und schließlich 9. Danach geht der Bewegungsablauf wieder von vorne los.

Bei reinen Instrumentalstellen kann eine Pause gemacht werden.

Bewegungen zum Lied

Teil I (3 Zählzeiten)

Klatschen — *rechte Hand auf linke Schulter* — *linke Hand auf rechte Schulter*

Teil II (5 Zählzeiten)

Klatschen — *rechte Hand auf linke Schulter* — *linke Hand auf rechte Schulter* — *auf den rechten Oberschenkel patschen* — *auf den linken Oberschenkel patschen*

Teil III (7 Zählzeiten)

1

Klatschen

2

rechte Hand auf linke Schulter

3

linke Hand auf rechte Schulter

4

auf den rechten Oberschenkel patschen

5

auf den linken Oberschenkel patschen

6

rechte Hand patscht auf rechte Hüfte

7

linke Hand patscht auf linke Hüfte

Teil IV (9 Zählzeiten)

1

Klatschen

2

rechte Hand auf linke Schulter

3

linke Hand auf rechte Schulter

4

auf den rechten Oberschenkel patschen

5

auf den linken Oberschenkel patschen

6

rechte Hand patscht auf rechte Hüfte

7

linke Hand patscht auf linke Hüfte

8

Stampfen rechts

9

Stampfen links

Nach einem kompletten Durchgang sind 24 Zählzeiten vorbei (3 + 5 + 7 + 9 = 24). Danach wird wieder mit Teil I begonnen.

Leichtere Varianten zum Anfangen:

Variante A

Nur die Bewegungen von Teil I und II ausführen und die beiden Teile immer wieder wiederholen. Das sind 8 Zählzeiten.

Vorspiel: ruhig und konzentriert warten

Unser Lehrer heißt Herr Brause, ein prima Typ und sehr gerecht.
1 2 3 1 2 3 4 5

Er braucht ganz dringend eine Pause, denn es geht ihm ziemlich schlecht.
1 2 3 1 2 3 4 5

„Burnout“ sagt dazu sein Doktor, bedeutet ausgebrannt, k.o.,
1 2 3 1 2 3 4 5

müde in der Ecke hockt er, Lehrer Brause ist nicht froh.
1 2 3 1 2 3 4 5

Mit Müh und Not schleppt Brause sich zum Pult, ist blass ganz fürchterlich.
1 2 3 1 2 3 4 5

Er wünscht sich sehnlichst nur noch eins: Hilfe für das Einmaleins.
1 2 3 1 2 3 4 5

Kaum hat er diesen Wunsch gedacht, durchs Fenster fliegt sie froh und lacht.
1 2 3 1 2 3 4 5

Kaum hat er diesen Wunsch gedacht, durchs Fenster fliegt sie froh und lacht ...
1 2 3 1 2 3 4 5

Variante B

Nur die Bewegungen von Teil III und IV ständig wiederholen, das sind 16 Zählzeiten

Vorspiel: ruhig und konzentriert warten

Unser Lehrer heißt Herr Brause, ein prima Typ und sehr gerecht.
1 2 3 4 5 6 7 1

Er braucht ganz dringend eine Pause, denn es geht ihm ziemlich schlecht.
2 3 4 5 6 7 8 9

„Burnout“ sagt dazu sein Doktor, bedeutet ausgebrannt, k.o.,
1 2 3 4 5 6 7 1

müde in der Ecke hockt er, Lehrer Brause ist nicht froh.
2 3 4 5 6 7 8 9

Mit Müh und Not schleppt Brause sich zum Pult, ist blass ganz fürchterlich.
1 2 3 4 5 6 7 1

Er wünscht sich sehnlichst nur noch eins: Hilfe für das Einmaleins.
2 3 4 5 6 7 8 9

Kaum hat er diesen Wunsch gedacht, durchs Fenster fliegt sie froh und lacht.
1 2 3 4 5 6 7 1

Kaum hat er diesen Wunsch gedacht, durchs Fenster fliegt sie froh und lacht ...
2 3 4 5 6 7 8 9

Die Bewegungen werden im gleichen Rhythmus wie bei der 1. Strophe während des ganzen Liedes fortgesetzt. Das bedeutet höchste Konzentration bei Kindern und Lehrperson!

Kompletter Bewegungsablauf (alle Teile I-IV)

Vorspiel: ruhig und konzentriert warten

Unser Lehrer heißt Herr Brause, ein prima Typ und sehr gerecht.
1 2 3 1 2 3 4 5

Er braucht ganz dringend eine Pause, denn es geht ihm ziemlich schlecht.
1 2 3 4 5 6 7 1

„Burnout“ sagt dazu sein Doktor, bedeutet ausgebrannt, k.o.,
2 3 4 5 6 7 8 9

müde in der Ecke hockt er, Lehrer Brause ist nicht froh.
1 2 3 1 2 3 4 5

Mit Müh und Not schleppt Brause sich zum Pult, ist blass ganz fürchterlich.
1 2 3 4 5 6 7 1

Er wünscht sich sehnlichst nur noch eins: Hilfe für das Einmaleins.
2 3 4 5 6 7 8 9

Kaum hat er diesen Wunsch gedacht, durchs Fenster fliegt sie froh und lacht.
1 2 3 1 2 3 4 5

Kaum hat er diesen Wunsch gedacht, durchs Fenster fliegt sie froh und lacht ...
1 2 3 4 5 6 7 1

Begleitend zum Anhören des Liedes zur Sechserreihe können folgende Arbeitsaufträge bearbeitet werden:

Arbeitsblatt 23 und 24

Beschreibung Seite 36 oben und Seite 49 bis 51

Malen von Perlenketten

Immer sechs Perlen in einer Farbe
Siehe Arbeitsblatt 11 und Vorlage Seite 46

Regenbogen-Einmaleinstiere

Siehe Arbeitsblatt 12 und Vorlage Seite 43

Malen von Aufgaben und Tauschaufgaben

Siehe Arbeitsblatt 13 und 14 und Vorlage Seite 44 und 45

Ausmalen von jeweils sechs Gegenständen in einer Farbe

Siehe Seite 37, Bildvorlagen zum Erstellen eigener Blätter Seite 47 bis 48

Ausmalen von Rechtecken

Zu vorgegebenen Aufgaben
Siehe Arbeitsblatt 9 und Kopiervorlagen Seite 30 und 31

Die Sechserreihe

Male die Kugelreihen aus, immer die sechs Kugeln, die zusammengehören, in einer Farbe.

Schreibe das Ergebnis hinter die Aufgabe.

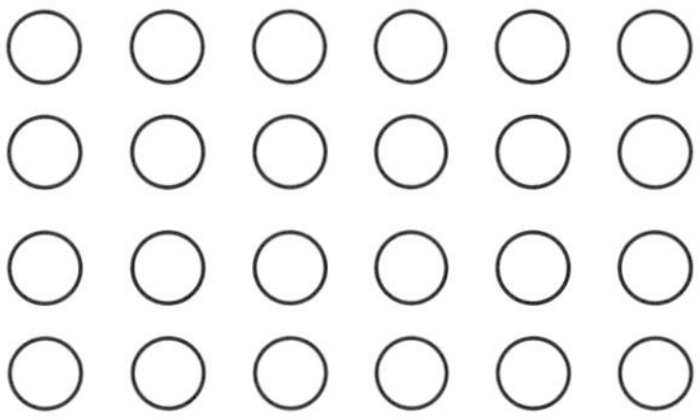

4 mal 6 = ____________

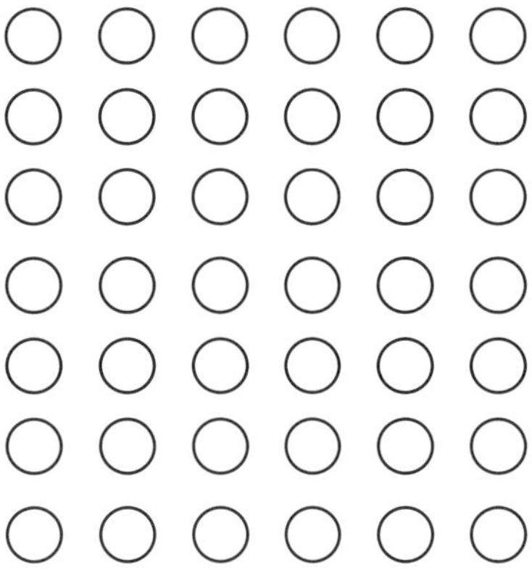

7 mal 6 = ____________

Suche dir aus, was du zeichnen möchtest. Du darfst aber auch von allem etwas zeichnen, wenn du magst.

a) Zeichne verschiedene Häuser, jedes mit 6 Fenstern.
b) Zeichne verschiedene Blumen, jede mit 6 Blütenblättern.
c) Zeichne verschiedene Käfer, jeden mit 6 Beinen.

Arbeiten mit Einmaleins-Bausteinen – Die Sechserreihe

Setze alle Aufgaben aus deinen Bausteinen zusammen.
Schreibe die Ergebnisse auf:

1 • 6 = ______

2 • 6 = ______

3 • 6 = ______

4 • 6 = ______

5 • 6 = ______

6 • 6 = ______

7 • 6 = ______

8 • 6 = ______

9 • 6 = ______

10 • 6 = ______

Die Ergebnisse aus den Sechser-Bausteinen:

1 • 6 = ______

2 • 6 = ______

5 • 6 = ______

Schreibe auch die Tauschaufgaben auf:

6 • 1 = ______

6 • 2 = ______

____

____

____

____

____

____

____

____

Das Lied zur Neunerreihe

Unser Lehrer Brause

Unser Mathelehrer Brause
war vier Wochen in der Kur.
Er brauchte dringend eine Pause,
ohne Arbeit, ohne Uhr.
Er machte täglich Dauerlauf,
Mensch jetzt ist er prima drauf.
Da steht er nun – Gesundheit pur –
der Lehrer Brause war zur Kur.

Ja, meine Lieben, das war gut,
ich schöpfte wieder neuen Mut.
Ruhig schlägt es jetzt, mein Herz,
und weg ist auch der Gliederschmerz.
Brauch kaum 'ne Brille, kann mich freu'n,
1 mal 9, na klar, gleich 9.
Ich kann sogar wieder bei Nacht seh'n,
2 mal 9 gleich 18.

Salatbuffet und warme Süppchen –
am Esstisch saßen wir in Grüppchen,
erzählten uns die neuesten Witze,
zum Nachtisch gab es Rote Grütze.
Einmal fuhr ich ganz allein,
27 ... 3 mal 9,
zu der Insel Norderney,
27 ... 9 mal 3.

Mach mal öfter eine Pause,
nimm dir 'n Beispiel an Herrn Brause.
Er gönnte sich mal eine Kur,
ganz ohne Arbeit, ohne Uhr.
Mach mal öfter eine Pause,
nimm dir ein Beispiel an Herrn Brause,
im Stau zu steh'n wurd' ihm zu dumm,
drum stieg er auf das Fahrrad um.
Er war weg, wir blieben hier,
36 ... 9 mal 4.
Vertretung machte die Frau Zeisig.
4 mal 9 gleich 36.

Morgens früh ging ich ins Bade,
da begoss man mir die Wade,
mit kaltem Wasser nach Meister Kneipp,
gut fürs Herz und für den Leib.

Bevor wir jetzt zur Hälfte kommen:
Die Zahlen am Schluss
zusammengenommen
ergeben immer wieder 9,
warum weiß keiner – ist doch fein.

2 mal 9 gleich 18 ... 1 + 8 gleich 9
3 mal 9 gleich 27 ... 2 + 7 gleich 9
4 mal 9 gleich 36 ... 3 + 6 gleich 9
magisch, wunderbar und fein.

Mach mal öfter eine Pause,
nimm dir 'n Beispiel an Herrn Brause,
kaum war der Lehrer dann zu Haus,
flog gleich das alte Sofa raus.

Matheprofi, ja das bin ich,
5 mal 9 gleich 45.
4 + 5 macht wieder 9,
jetzt singt Lehrer Brause rein:

Am Meeresstrand spazier'n gegangen,
den Gedanken nachgehangen,
geschlafen wie ein Murmeltier,
auch nachmittags so bis um vier.

Hatschi, oh die Nase rümpft sich,
6 mal 9 gleich 54,
5 + 4 macht wieder 9,
Brause tut uns gut betreu'n.

Eines Morgens vor dem Spiegel,
da schockierte mich mein Bart.
Jahrelang hing der da runter.
Wegrasiert! Sie riefen: Gut! Apart!

Meine Kur ging dann zu Ende,
ich war froh, rieb mir die Hände.
Ne Postkarte hatt' ich geschrieben,
63 ... 9 mal 7.
Brause zurück! Ob sie sich freu'n?
63 ... 7 mal 9.
8 mal 9, daraus ergibt sich,
folgerichtig, 72.

Mach mal öfter eine Pause,
nimm dir 'n Beispiel an Herrn Brause.
Schön fand er das Beisammensein
und lädt jetzt öfter Gäste ein.

Bin wieder da, mit mir der Sonnenschein,
und 81 ist gleich 9 mal 9.
Bin wieder da, die Schüler freu'n sich
und 10 mal 9 das ist gleich 90 ...
Mach mal öfter eine Pause ...

Arbeiten mit den Liedern der 1 x 1 Hitparade

Bewegungsübungen zum Lied der Neunerreihe (Track-Nr. 9)

Partnerübung: Zwei Kinder stehen für die Bewegungsfolge einander gegenüber.

1

mit beiden Händen auf die Schenkel patschen

2

in die Hände klatschen

3

rechte Handfläche in die rechte Hand des Partners klatschen

4

linke Handfläche in die linke Hand des Partners klatschen

5

mit beiden Händen gegen die Hände des Partners klatschen

6

mit den Fingern der rechten Hand schnippen

7

mit den Fingern der linken Hand schnippen

8

Stampfen mit dem rechten Fuß

9

Stampfen mit dem linken Fuß

Jede Bewegung wird **zweimal** direkt nacheinander ausgeführt, das passt gut zum Rhythmus des Liedes. Lediglich das Stampfen am Ende eines Ablaufes geschieht mit jedem Fuß nur einmal.

Dieser Ablauf wird nun ständig wiederholt. Es erfordert auch hier wieder sehr viel Konzentration, um nicht aus dem Takt zu kommen.

Sind die Kinder wirklich sehr fit, kann der Ablauf um beliebige andere Bewegungen erweitert werden, z. B.

- Seitwärtsschritt rechts, Anstellschritt (2 x)
  Seitwärtsschritt links, Anstellschritt (2 x)
- Hände über der Brust kreuzen, danach auf die Hüften legen
- rechte Hand auf die linke Schulter, linke Hand auf die rechte Schulter
- rechte Hand auf die rechte Hüfte, linke Hand auf die linke Hüfte

usw.

Bewegungsablauf:

Unser Mathelehrer Brause war vier Wochen in der Kur.
1 1 2 2 3 3 4 4

Er brauchte dringend eine Pause, ohne Arbeit, ohne Uhr.
5 5 6 6 7 7 8 9

Er machte täglich Dauerlauf, Mensch jetzt ist er prima drauf.
1 1 2 2 3 3 4 4

Da steht er nun – Gesundheit pur – der Lehrer Brause war zur Kur.
5 5 6 6 7 7 8 9

Zwischenspiel: Der Bewegungszyklus kann fortgeführt werden.

Bei diesem Lied haben Instrumentalstellen und Textstellen nicht immer gleiche Zählzeiten, aber der Rhythmus zieht sich deutlich durch das ganze Stück. Deshalb kann man sich einfach daran orientieren und in gleichbleibendem Tempo die Bewegungsabläufe über das gesamte Lied fortführen.

Begleitend zum Anhören des Liedes zur Neunerreihe können folgende Arbeitsaufträge bearbeitet werden:

Arbeitsblatt 25 und 26

Beschreibung Seite 36 oben und Seite 49 bis 51

Malen von Perlenkette

Immer neun Perlen in einer Farbe
Siehe Arbeitsblatt 11 und Vorlage Seite 46

Regenbogen-Einmaleinstiere

Siehe Arbeitsblatt 12 und Vorlage Seite 43

Malen von Aufgaben und Tauschaufgaben

Siehe Arbeitsblatt 13 und 14 und Vorlage Seite 44 und 45

Ausmalen von jeweils neun Gegenständen in einer Farbe

Siehe Seite 37, Bildvorlagen zum Erstellen eigener Blätter Seite 47 bis 48

Ausmalen von Rechtecken

Zu vorgegebenen Aufgaben
Siehe Arbeitsblatt 9 und Kopiervorlagen Seite 30 und 31

Die Neunerreihe

Male immer 9 Sterne in einer Farbe aus.

Wie viele verschiedene Farben brauchst du? ________

Schreibe die passende Malaufgabe auf: ____________________

Beim Autorennen gehören immer 9 Autos zu einer Mannschaft.

Wie viele Mannschaften können gebildet werden? ________

Schreibe die passende Malaufgabe auf: ____________________

Male selbst Rennautos, die du erfindest.

Name: Datum: 26

Arbeiten mit Einmaleins-Bausteinen – Die Neunerreihe

Setze alle Aufgaben aus deinen Bausteinen zusammen.
Schreibe die Ergebnisse auf:

1 • 9 = ______	6 • 9 = ______
2 • 9 = ______	7 • 9 = ______
3 • 9 = ______	8 • 9 = ______
4 • 9 = ______	9 • 9 = ______
5 • 9 = ______	10 • 9 = ______

Die Ergebnisse aus den Neuner-Bausteinen:

1 • 9 = ______

2 • 9 = ______

5 • 9 = ______

Schreibe auch die Tauschaufgaben auf:

9 • 1 = ______	______________
9 • 2 = ______	______________
______________	______________
______________	______________
______________	______________

Das Lied zur Siebenerreihe

Der Regenbogen

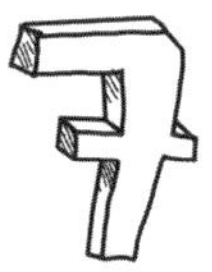

Vom Westen zog ein Sturm heran,
es regnet, was es regnen kann,
'nen faulen Tag werd ich heut schieben,
1 mal 7, das ist 7.
Es blitzt und donnert, die Luft die knistert,
doch gleich darauf die Sonne flüstert:

He, Wolken, bleibt nicht vor mir steh'n,
2 mal 7 gibt 14.
Du, Regenbogen, komm vorbei,
14, leuchte! ... 7 mal 2.

Der Regenbogen macht uns froh,
von Feuerland bis Gütersloh.
Mit 7 Farben kann er malen,
die hoch über den Himmel strahlen.

Schau, da bin ich, bringe Glück,
heb zum Himmel deinen Blick!
Meine Farben am Himmel pflanz ich,
3 mal 7 gleich 21.
Mein Leuchten macht euch sorgenfrei,
21 ... 7 mal 3.

Wind, komm her, die Wolken schieben,
die Menschen werden dich dafür lieben,
denn über ihren Köpfen tanz ich
und 4 mal 7 gleich 28.
Wind, blas die Wolken weg von mir,
28 ... 7 mal 4.
Denn über ihren Köpfen tanz ich
und 4 mal 7 gleich 28.

Der Regenbogen macht und froh,
von Dänemark bis Tokio.
Die Sonne ruft zur Erde runter:
„Du dampfst ja richtig, wieder munter?"

„Ja, liebe Sonne, der Durst war schlimm,
jetzt regt sich alles in mir drin.
Lebendig bin ich, ja das weiß ich,
5 mal 7 gleich 35.
Hallo, wer kommt denn da in hohem
Bogen?
Die Gundula kommt angeflogen!"
„Nach oben saus ich, nach unten stürz ich,
6 mal 7 gleich 42.
Looping fliegt im Wind die Hex',
42 ... 7 mal 6.
Ein Wetter, wie es die Hexen lieben,
49 ... 7 mal 7."

Der Regenbogen macht uns froh,
von Ecuador bis Itzehoe.
Mit sieben Farben kann er malen,
die hoch über den Himmel strahlen.

Beschützt die Erde, seid vernünftig!
8 mal 7 gleich 56.
Sie lebt und hat euch satt gemacht,
56 ... 7 mal 8.

Sie schenkt uns Möhren, Kraut und Rüben
63 ... 9 mal 7.
Ein Blumenduft kann uns erfreu'n,
63 ... 7 mal 9.
Genug gerechnet, alles fügt sich,
10 mal 7 gleich 70.

Der Regenbogen macht uns froh,
von Helgoland bis Mexiko.
Wenn Sonne scheint und Regen fällt,
erleuchtet er die schöne Welt.

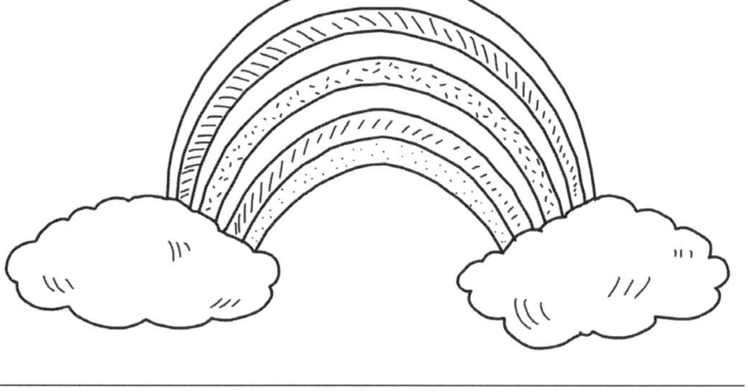

Bewegungsübungen zum Lied der Siebenerreihe (Track-Nr. 7)

Übungen mit Jongliertüchern (Alternative ohne Tücher Seite 108)

Jongliertücher sind an vielen Schulen vorhanden und eignen sich für einen vielfältigen Einsatz im Unterricht.

Das Lied ist aufgebaut aus

- Strophen
- Refrain: Der Regenbogen macht uns froh ...
- Instrumentalstellen

Strophen:

Einfache Variante

Jedes Kind hat ein Jongliertuch. Dieses wird im Takt mit einer Hand schräg hochgeworfen, mit der anderen gefangen und dann umgekehrt:

Rechts wirft, Links fängt,
Links wirft, Rechts fängt
usw.

Hinweis: Beim Hochwerfen wird das Tuch im Klauengriff zusammengeknüllt in der Hand gehalten. Dabei zeigt der Handrücken nach oben, die Faust mit dem Tuch nach unten. Beim Werfen wird die Faust schnell hochgezogen und geöffnet, so dass das Tuch mehr gezogen als geworfen wird. Beim Fangen kommt die andere Hand von oben und fängt das Tuch. Die Handflächen zeigen also nie nach oben.

Bei manchen Textzeilen ist der Rhythmus nicht deutlich durchgehalten, so dass eine 4er-Bewegung schwierig ist. Zu diesen Zeilen kann das Jongliertuch frei in der Luft nach beiden Seiten geschwungen werden. Auch zu den Instrumentalstellen wird das Tuch rhythmisch geschwungen.

Wurfbewegungen:

rechte Hand wirft | *linke Hand fängt* | *linke Hand wirft* | *rechte Hand fängt*

Bewegungsablauf

Vom Westen zog ein Sturm heran, es regnet, was es regnen kann,

1 2 3 4 1 2 3 4

'nen faulen Tag werd ich heut schieben, 1 mal 7, das ist 7.

1 2 3 4 1 2 3 4

Es blitzt und donnert, die Luft die knistert, doch gleich darauf die Sonne flüstert:

1 2 3 4 1 2 3 4

He, Wolken, bleibt nicht vor mir steh'n, 2 mal 7 gibt 14.

Du, Regenbogen, komm vorbei, 14, leuchte! ... 7 mal 2.

Tuch frei schwingen

Der Regenbogen macht uns froh, von Feuerland bis Gütersloh.

1 2 3 4 1 2 3 4

Mit 7 Farben kann er malen, die hoch über den Himmel strahlen.

1 2 3 4 1 2 3 4

Zwischenspiel *Tuch frei schwingen*

Schau, da bin ich, bringe Glück, heb zum Himmel deinen Blick!

1 2 3 4 1 2 3 4

Meine Farben am Himmel pflanz ich, 3 mal 7 gleich ein-und-zwanzig.

1 2 3 4 1 2 3 4

Mein Leuchten macht euch sorgenfrei, ein-und-zwanzig ... 7 mal 3.

1 2 3 4 1 2 3 4

Zwischenspiel *Tuch frei schwingen*

usw.

Schwierigere Variante mit zwei Tüchern:

In jeder Hand befindet sich ein Jongliertuch, das wie in der vorhergehenden Übung gehalten wird. Nun werden **nacheinander** die beiden Tücher geworfen (d. h. nach oben gezogen und losgelassen, wie im Hinweis Seite 105 beschrieben). Dann werden **nacheinander** die Tücher gefangen.

Ablauf:

Werfen (rechts), Werfen (links)
Fangen (links), Fangen (rechts)

Achtung: Die linke Hand, die vom Werfen noch oben ist, beginnt mit dem Fangen.

Bewegungsablauf:

Werfen rechts — *Werfen links* — *Fangen links* — *Fangen rechts*

Die Bewegungen A bis D sind wiederum der Musik zugeordnet:

Vom Westen zog ein Sturm heran, es regnet, was es regnen kann,
A B C D A B C D

'nen faulen Tag werd ich heut schieben, 1 mal 7, das ist 7.
A B C D A B C D

Es blitzt und donnert, die Luft die knistert, doch gleich darauf die Sonne flüstert:
A B C D A B C D

He, Wolken, bleibt nicht vor mir steh'n, 2 mal 7 gibt 14.
Du, Regenbogen, komm vorbei, 14, leuchte! ... 7 mal 2. — *Tuch frei schwingen*

Der Regenbogen macht uns froh, von Feuerland bis Gütersloh.
A B C D A B C D

Mit 7 Farben kann er malen, die hoch über den Himmel strahlen.
A B C D A B C D

Zwischenspiel — *Tuch frei schwingen*

Schau, da bin ich, bringe Glück, heb zum Himmel deinen Blick!
A B C D A B C D

Meine Farben am Himmel pflanz ich, 3 mal 7 gleich ein-und-zwanzig.
A B C D A B C D

Mein Leuchten macht euch sorgenfrei, ein-und-zwanzig ... 7 mal 3.
A B C D A B C D

Zwischenspiel *Tuch frei schwingen*

usw.

Schwierig, aber lohnenswert: Das Jonglieren mit drei Tüchern

Anschließend an diese Übung kann daran gearbeitet werden, das Jonglieren mit drei Tüchern zu lernen. Das Einüben des Jonglierens kann hier aus Platzgründen nicht erklärt werden. Es finden sich dazu aber Hinweise in vielen Sportlehrbüchern.

Alternative ohne Jongliertücher:

Das Lied kann sehr gut pantomimisch untermalt werden. Die Lehrperson denkt sich allein oder zusammen mit den Kindern passende Bewegungen aus. Beispiel für den Anfang:

Vom Westen zog ein Sturm heran, es regnet, was es regnen kann,
Beide Hände auf Kopfhöhe gerade von links nach rechts ziehen, mit den Fingern beider Hände fallenden Regen andeuten

'nen faulen Tag werd ich heut schieben, 1 mal 7, das ist 7.
Den Kopf in beide Handflächen stützen und abwechselnd nach links und nach rechts knicken, mit dem Daumen eine 1 zeigen, dann 7 Finger zeigen.

Es blitzt und donnert, die Luft die knistert, doch gleich darauf die Sonne flüstert:
Mit der Hand einen Blitz von oben noch unten zeigen, beide Fäuste umeinander kreisen lassen, beide Hände seitlich an den Mund legen

He, Wolken, bleibt nicht vor mir steh'n, 2 mal 7 gibt 14.
Sich auf Zehenspitzen stellen und mit einer Hand winken, eine 2 und dann mit den Händen 10 und 4 zeigen für 14.

Du Regenbogen, komm vorbei, 14, leuchte! ... 7 mal 2.
Mit der Hand locken, 7 und 2 mit den Fingern zeigen

Der Regenbogen macht uns froh, von Feuerland bis Gütersloh.
Mit beiden Händen einen Bogen in die Luft schreiben, mehrmals von links nach rechts und zurück

Mit 7 Farben kann er malen, die hoch über den Himmel strahlen.
Fortsetzung der Bewegung, dann den Himmel darstellen: Hände über den Kopf halten und mit den Armen einen großen Bogen beschreiben.

Schau, da bin ich, bringe Glück, heb zum Himmel deinen Blick!
Den Zeigefinger unter das Auge halten, dann mit dem Finger gleich auf sich selbst zeigen, beide Handflächen so halten, als ob man etwas darin hält, nach oben gucken

Meine Farben am Himmel pflanz ich, 3 mal 7 gleich 21.
Imaginären Eimer in einer Hand halten, in der anderen einen imaginären Pinsel, diesen in den Eimer tunken und Farbtupfer in die Luft malen

Mein Leuchten macht euch sorgenfrei, 21 ... 7 mal 3.
Sich einmal in die eine Richtung um sich selbst drehen, dann einmal in die andere Richtung

Begleitend zum Anhören des Liedes zur Siebenerreihe können folgende Arbeitsaufträge bearbeitet werden:

Arbeitsblatt 27 und 28

Beschreibung Seite 49 bis 51

Malen von Perlenketten

Immer sieben Perlen in einer Farbe
Siehe Arbeitsblatt 11 und Vorlage Seite 46

Regenbogen-Einmaleinstiere

Siehe Arbeitsblatt 12 und Vorlage Seite 43

Malen von Aufgaben und Tauschaufgaben

Siehe Arbeitsblatt 13 und 14 und Vorlage Seite 44 und 45

Ausmalen von jeweils sieben Gegenständen in einer Farbe

Siehe Seite 37, Bildvorlagen zum Erstellen eigener Blätter Seite 47 bis 48

Ausmalen von Rechtecken

Zu vorgegebenen Aufgaben
Siehe Arbeitsblatt 9 und Kopiervorlagen Seite 30 und 31

Name:	Datum:	27

Arbeiten mit Einmaleins-Bausteinen – Die Siebenerreihe

Setze alle Aufgaben aus deinen Bausteinen zusammen.
Schreibe die Ergebnisse auf:

$1 \cdot 7 =$ ______	$6 \cdot 7 =$ ______
$2 \cdot 7 =$ ______	$7 \cdot 7 =$ ______
$3 \cdot 7 =$ ______	$8 \cdot 7 =$ ______
$4 \cdot 7 =$ ______	$9 \cdot 7 =$ ______
$5 \cdot 7 =$ ______	$10 \cdot 7 =$ ______

Die Ergebnisse aus den Siebener-Bausteinen:

$1 \cdot 7 =$ ______

$2 \cdot 7 =$ ______

$5 \cdot 7 =$ ______

Schreibe auch die Tauschaufgaben auf:

$7 \cdot 1 =$ ______	______________
$7 \cdot 2 =$ ______	______________
______________	______________
______________	______________
______________	______________

Name:	Datum:	28

So geht es bei den sieben Zwergen zu

Male die 7 Zwerge.

Und nun male alles, was die 7 Zwerge haben:

Sie essen 7 Teller Spaghetti mit Ketchup.

Sie haben 7 Rucksäcke, mit denen sie in die Berge gehen.

Schneewittchen kauft ihnen 7 Becher Schokoladenpudding.

Am Abend gehen sie in ihre 7 Bettchen.

Die Fünfer- und die Zehnerreihe

Diese beiden Einmaleinsreihen sind für die Ordnung der Zahlen besonders wichtig, denn die Fünf und die Zehn spielen in unserem dekadischen System eine herausragende Rolle.

Das Begreifen der Zehnergliederung bildet eine Hürde, an der viele Kinder scheitern. Wer Zahlen nicht gliedern kann, wird nie flink und „elegant" rechnen, sondern immer auf der Stufe des holprigen, unsicheren und fehleranfälligen zählenden Rechnens stehen bleiben.

Zehnergliederung und Zehnerüberschreitung gehören zum Stoff des ersten Schuljahres. In der zweiten Klasse wird beim Einmaleinsrechnen die Zehnergliederung noch einmal thematisiert. Das kann zu einem vertieften Zahlenverständnis führen für diejenigen, die das Wesen der dekadischen Gliederung bereits erfasst haben. Für unsichere Rechnerinnen und Rechner kann es aber auch eine zweite Chance bedeuten, doch noch hinter das „Geheimnis der Zehnergrenzen" zu kommen. Deshalb möchte ich an dieser Stelle kurz auf die Besonderheit der Fünfer- und Zehnergliederung eingehen.

Es ist unumstritten, dass innere Zahlenbilder zum Aufbau eines sicheren Zahlenbegriffs nötig sind. Die Fünf hat bei diesem Aufbau innerer Bilder eine Schlüsselfunktion. Der Mathematiker Joseph Busse (Weinschenk, Huber 1975) sagt hierzu:
„Alle bisherigen Versuche haben ergeben, dass der Mensch nicht mehr als vier Einheiten mit einem Blick sicher erkennen kann. Will man demnach größere Zahlen simultan auffassen, so muss entweder eine feststehende Gliederung der Zahlenreihe im Fünferrhythmus durchgeführt werden, oder wir müssen zu flächenartiger Anordnung schreiten."

Die Fünfergliederung erleichtert das Erfassen größerer Zahlen. Zweimal eine Fünf ergibt eine Zehn. So hilft die Fünf auch, den Zehner als unterste Ordnungseinheit unseres dekadischen Systems zu erfassen.

Die Zehn wiederum hat eine Doppelfunktion. Sie stellt zehn Einheiten dar. Diese zehn Einheiten sind aber zusammengefasst zu einem größeren Gebinde, sodass die Zehn zugleich auch eine Eins ist: 1 Zehnerpaket, 10 einzelne Dinge.

Diese Doppelbedeutung der Zehn ist es, mit der schwache Rechnerinnen und Rechner nicht zurechtkommen. Ich lasse meine Erstklässler zehn Perlen in durchsichtige Plastiksäckchen abfüllen, so dass beides sichtbar ist: **ein** Säckchen mit dem Inhalt von **zehn** Perlen.
Da wir konsequent mit diesem Anschauungsmaterial üben, verstehen auch schwache Rechnerinnen und Rechner nach entsprechend häufigem Handeln, was es bedeutet, Zehner aufzufüllen.

Beim Einführen der Fünfer- und Zehnerreihe können Finger, Hände und die dazugehörigen Kinder zur Anschauung dienen:

eine Hand = **fünf** Finger
zwei Hände = **zehn** Finger = **ein** Kind

Das Gedicht zur Fünferreihe

Der Rechenbirnbaum

Unser guter Lehrer Brause blieb heut einfach mal im Bett.
Als Vertretung kam Herr Krause, der ist ebenfalls sehr nett.

Kinder, heut ist der Fünfer dran!
Fünf Kinder brauch ich dafür und dann
stellt euch zusammen Po an Po,
die Beine bilden den Stamm und so
bildet ihr fünf einen Birnenbaum,
drum reckt euch und streckt euch, füllt aus den Raum.
Und jeder Arm wär so ein Birnbaumast,
der aus dem Stamm wächst, wie es ihm passt.
Daraus wachsen 5 noch kleinere Äste,
wie eure Finger, und jetzt kommt das Beste!

An einem Morgen bei Sonnenschein
wuchsen 5 Birnen 'nem Ast noch ganz klein.
1 mal 5 gleich 5.
„Das kann ich auch", sagt der Ast rechts daneben,
„bring ich doch gleichfalls 5 Birnen ins Leben."
2 mal 5 gleich 10.

Und der linke Ast ruft: „Seid ihr bereit?
Kommt raus, ihr Birnchen, jetzt ist es Zeit!"
3 mal 5 gleich 15.
Ast Nummer 4 ruft: „Ich brüt was aus!"
Schon wachsen auch ihm 5 Birnen heraus.
4 mal 5 gleich 20.
Der Ast Nummer 5 bringt voller Stolz
5 schöne Birnen heraus aus dem Holz.
5 mal 5 gleich 25.
Der nächste ruft laut: „Hossa, was geht?
Ich krieg 5 Birnen, kommt her und seht!"
6 mal 5 gleich 30.
Ast Nummer 7 ruft: „Aufgepasst! Hier!
5 Birnen! Ich lach mir 'nen Ast."
7 mal 5 gleich 35.
Der nächste Ast sagt: „Jetzt gute Nacht,
hier sind 5 Birnen von Ast Nummer 8."
8 mal 5 gleich 40.
Ast Nummer 9 meint: „Eh, gutes Spiel,
5 auf einmal, das ist ganz schön viel."
9 mal 5 gleich 45.
„Zum Schluss komme ich, bin Ast Nummer 10,
hier sind 5 Birnen, schön anzuseh'n."
10 mal 5 gleich 50.

Arbeiten mit den Liedern der 1 x 1 Hitparade

Übungen zum Gedicht der Fünferreihe (Track-Nr. 5)

Das Gedicht zur Fünferreihe wird abwechselnd von einzelnen Kindern und von der ganzen Klasse gesprochen. Fünf Kinder stellen pantomimisch dar, was im Gedicht erzählt wird. Die einzelnen Abschnitte können auf 8, 4 oder 2 Vorleser aufgeteilt werden.

Unser guter Lehrer Brause blieb heut einfach mal im Bett. Als Vertretung kam Herr Krause, der ist ebenfalls sehr nett.	*Vorleser 1*
Kinder, heut ist der Fünfer dran! Fünf Kinder brauch ich dafür und dann stellt euch zusammen Po an Po, die Beine bilden den Stamm und so bildet ihr fünf einen Birnenbaum, drum reckt euch und streckt euch, füllt aus den Raum.	*Vorleser 2* *5 Kinder stellen sich auf,* *beugen sich vor,* *strecken die Arme aus.*
Und jeder Arm wär so ein Birnbaumast, der aus dem Stamm wächst, wie es ihm passt. Daraus wachsen 5 noch kleinere Äste, wie eure Finger, und jetzt kommt das Beste!	*Vorleser 3*
An einem Morgen bei Sonnenschein wuchsen 5 Birnen ’nem Ast noch ganz klein.	*Vorleser 4*
1 mal 5 gleich 5.	*alle*
„Das kann ich auch“, sagt der Ast rechts daneben, „bring ich doch gleichfalls 5 Birnen ins Leben.“	*Vorleser 4*
2 mal 5 gleich 10.	*alle*
Und der linke Ast ruft: „Seid ihr bereit? Kommt raus, ihr Birnchen, jetzt ist es Zeit!“	*Vorleser 1*
3 mal 5 gleich 15.	*alle*
Ast Nummer 4 ruft: „Ich brüt was aus!“ Schon wachsen auch ihm 5 Birnen heraus.	*Vorleser 1*
4 mal 5 gleich 20.	*alle*
Der Ast Nummer 5 bringt voller Stolz 5 schöne Birnen heraus aus dem Holz.	*Vorleser 2*
5 mal 5 gleich 25.	*alle*
Der nächste ruft laut: „Hossa, was geht? Ich krieg 5 Birnen, kommt her und seht!“	*Vorleser 2*
6 mal 5 gleich 30.	*alle*

Ast Nummer 7 ruft: „Aufgepasst! Hier! 5 Birnen! Ich lach mir 'nen Ast."	*Vorleser 3*
7 mal 5 gleich 35.	*alle*
Der nächste Ast sagt: „Jetzt gute Nacht, hier sind 5 Birnen von Ast Nummer 8."	*Vorleser 3*
8 mal 5 gleich 40.	*alle*
Ast Nummer 9 meint: „Eh, gutes Spiel, 5 auf einmal, das ist ganz schön viel."	*Vorleser 4*
9 mal 5 gleich 45.	*alle*
„Zum Schluss komme ich, bin Ast Nummer 10, hier sind 5 Birnen, schön anzuseh'n."	*Vorleser 4*
10 mal 5 gleich 50.	*alle*

Zur Fünferreihe können folgende Arbeitsaufträge bearbeitet werden:

Blatt 29 und 30

Die beiden Arbeitsblätter enthalten grundlegende Aufgaben zur Fünferreihe.

Blatt 31

Beschreibung Seite 49 bis 51

Malen von Perlenketten

Immer fünf (oder zehn) Perlen in einer Farbe
Siehe Arbeitsblatt 11 und Vorlage Seite 46

Regenbogen-Einmaleinstiere

Siehe Arbeitsblatt 12 und Vorlage Seite 43

Malen von Aufgaben und Tauschaufgaben

Siehe Arbeitsblatt 13 und 14 und Vorlage Seite 44 und 45

Ausmalen von jeweils fünf Gegenständen in einer Farbe

Siehe Seite 37, Bildvorlagen zum Erstellen eigener Blätter Seite 47 bis 48

Ausmalen von Rechtecken

Zu vorgegebenen Aufgaben
Siehe Arbeitsblatt 9 und Kopiervorlagen Seite 30 und 31

Name:	Datum:	29

Eine Hand hat fünf Finger

Wie viele Finger sind es? Zeichne und überlege.
(Du kannst die Hände auch als Fäuste zeichnen.)

	Finger
3 Hände	______
5 Hände	______
2 Hände	______
8 Hände	______
4 Hände	______
6 Hände	______
9 Hände	______
7 Hände	______

Male zu diesem Blatt auch die passenden Ästeaufgaben und schreibe die Malaufgaben dazu.

Name:	Datum:	30

Die Zahlen der Fünferreihe

Male alle Zahlen der Fünferreihe gelb an.

1	2	3	4	5	6	7	8	9	10
11	12	13	14	15	16	17	18	19	20
21	22	23	24	25	26	27	28	29	30
31	32	33	34	35	36	37	38	39	40
41	42	43	44	45	46	47	48	49	50
51	52	53	54	55	56	57	58	59	60
61	62	63	64	65	66	67	68	69	70
71	72	73	74	75	76	77	78	79	80
81	82	83	84	85	86	87	88	89	90
91	92	93	94	95	96	97	98	99	100

Schau dir nun die gelben Zahlen genau an. Du kannst sie in zwei Gruppen ordnen.

Die eine Gruppe hat ______________________________

____

Die andere Gruppe hat ______________________________

____

Warum? ______________________________

____

Arbeiten mit Einmaleins-Bausteinen – Die Fünferreihe

Setze alle Aufgaben aus deinen Bausteinen zusammen.
Schreibe die Ergebnisse auf:

1 • 5 = ______	6 • 5 = ______
2 • 5 = ______	7 • 5 = ______
3 • 5 = ______	8 • 5 = ______
4 • 5 = ______	9 • 5 = ______
5 • 5 = ______	10 • 5 = ______

Die Ergebnisse aus den Fünfer-Bausteinen:

1 • 5 = ______

2 • 5 = ______

5 • 5 = ______

Schreibe auch die Tauschaufgaben auf:

5 • 1 = ______	______________
5 • 2 = ______	______________
______________	______________
______________	______________
______________	______________

Das Gedicht zur Zehnerreihe

Zehn Kamele – Die Zehnerreihe

Es waren einmal 10 Kamele,
und jedes trug 'nen großen Sack.
Drin waren 10 Pakete Datteln
für den Basar in Agarak.

Das Erste mit den 10 Paketen
bleibt jeden Kilometer steh'n,
schnaubt „Oh du heißer Wüstenwind!"
und 1 mal 10, na klar, gleich 10.

Das Zweite wiehert „Bald kommt die Oase!
Ich riech sie schon mit meiner Nase.
Und sind wir erst mal da, dann tanz ich,
2 mal 10 gleich 20."
Kamele haben viel Geduld
und halten ziemlich lange durch.
Vor allem aber sind sie fleißig
und 3 mal 10 – was sonst? – gleich 30.

„Heut Abend schlaf ich neben dir!
Hallo, hier! Kamel Nummer 4!
Ach, Soraya, riechst du würzig.
4 mal 10 das ist gleich 40."

Soraya antwortet:
„Dann küss ich dich im Mondenschein –
nur du und ich – wir ganz allein."

Die Ohren wackeln, Nase rümpft sich,
5 mal 10 das ist gleich 50.

Das sechste Tier mit 10 Paketen,
das hat einen Riesendurst.
„Wasser! Wasser! Danach lechz ich",
6 mal 10 das ist gleich 60.

Dem Siebten tun die Muskeln weh,
sagt tapfer zu sich: „Weiter! Geh!
Denn jeder Muskelkater gibt sich",
und 7 mal 10 das ist gleich 70.

„Wer täglich jubelt, dass es schallt,
wird sicher alt, wird sicher alt."
Und das Kamel, das schlaue, dacht' sich:
„8 mal 10 das ist gleich 80."

Das neunte Kamel ruft: „Seht da hinten!
Da leuchtet die Oase schon!"
Menschen, Tiere, alle freu'n sich,
9 mal 10 das ist gleich 90.

Das letzte von den 10 Kamelen
fängt an, vor Wonne zu krakeelen:
„Habt ihr das Abendrot bewundert?
Und 10 mal 10 das ist gleich 100."

Arbeiten mit den Liedern der 1 x 1 Hitparade

Das Gedicht zur Zehnerreihe (Track-Nr. 10)

Das Bild kann begleitend zum Anhören des Gedichts ausgemalt werden.

Zur Zehnerreihe können folgende Arbeitsaufträge bearbeitet werden:

Blatt 32 und 33

Die Arbeitsblätter enthalten grundlegende Aufgaben zur Zehnerreihe.

Blatt 34

Beschreibung Seite 49 bis 51

Malen von Perlenketten

Immer fünf (oder zehn) Perlen in einer Farbe
Siehe Arbeitsblatt 11 und Vorlage Seite 46

Regenbogen-Einmaleinstiere

Siehe Arbeitsblatt 12 und Vorlage Seite 43

Malen von Aufgaben und Tauschaufgaben

Siehe Arbeitsblatt 13 und 14 und Vorlage Seite 44 und 45

Ausmalen von jeweils zehn Gegenständen in einer Farbe

Siehe Seite 37, Bildvorlagen zum Erstellen eigener Blätter Seite 47 bis 48

Ausmalen von Rechtecken

Zu vorgegebenen Aufgaben
Siehe Arbeitsblatt 9 und Kopiervorlagen Seite 30 und 31

Name:	Datum:	32 

Die Zehnerreihe

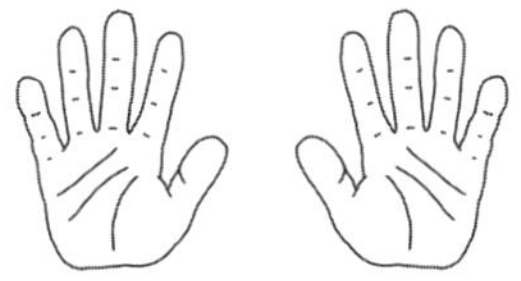

Wie viele Finger sind es? Zeichne und überlege.
(Du kannst Strichfiguren zeichnen.)

	Finger
4 Kinder	______
6 Kinder	______
2 Kinder	______
8 Kinder	______
5 Kinder	______
3 Kinder	______
7 Kinder	______
6 Kinder	______

Male zu diesem Blatt auch die passenden Ästeaufgaben und schreibe die Malaufgaben dazu.

Name: | Datum: | 33 

Die Zahlen der Zehnerreihe

Male alle Zahlen der Zehnerreihe orange an.

1	2	3	4	5	6	7	8	9	10
11	12	13	14	15	16	17	18	19	20
21	22	23	24	25	26	27	28	29	30
31	32	33	34	35	36	37	38	39	40
41	42	43	44	45	46	47	48	49	50
51	52	53	54	55	56	57	58	59	60
61	62	63	64	65	66	67	68	69	70
71	72	73	74	75	76	77	78	79	80
81	82	83	84	85	86	87	88	89	90
91	92	93	94	95	96	97	98	99	100

Schau dir die orangen Zahlen genau an.
Sie haben alle etwas gemeinsam.
Siehst du es?

____

Vergleiche dieses Blatt mit Arbeitsblatt 30.
Was haben die beiden Blätter gemeinsam?
Wo liegt ein Unterschied?

____

____

Warum ist das so?

____

Name: Datum: 34 

Arbeiten mit Einmaleins-Bausteinen – Die Zehnerreihe

Setze alle Aufgaben aus deinen Bausteinen zusammen.
Schreibe die Ergebnisse auf:

1 • 10 = ______ 6 • 10 = ______

2 • 10 = ______ 7 • 10 = ______

3 • 10 = ______ 8 • 10 = ______

4 • 10 = ______ 9 • 10 = ______

5 • 10 = ______ 10 • 10 = ______

Die Ergebnisse aus den Zehner-Bausteinen:

1 • 10 = ______

2 • 10 = ______

5 • 10 = ______

Schreibe auch die Tauschaufgaben auf:

10 • 1 = ______ ________________

10 • 2 = ______ ________________

________________ ________________

________________ ________________

________________ ________________

Teilen: die Kehrseite des Einmaleins und die Hohe Schule der Grundrechenarten

Hinweise Arbeitsblatt 35-43 und Vorlage

Arbeitsblatt 35 und 36

Die vierte Grundrechenart, das Teilen, ist unbestritten die schwierigste Rechenoperation, die die Kinder in der Schule bewältigen müssen.

Das mechanische Aufsagen der Divisionsaufgaben ist auch den schwachen Rechnerinnen und Rechnern möglich. Natürlich müssen auch die Geteiltsätze genauso wie die Einmaleinssätze auswendig gespeichert werden. Das ist aber nicht das Wesentliche. Zuvor ist das Verständnis dessen, was da eigentlich gemacht wird, aufzubauen. Gerade bei Sachaufgaben merkt man, ob nur gedankenlos nach einem Schema oder wirklich mit Verständnis gearbeitet wird.

Was die Teilungen so besonders kompliziert macht, ist die Tatsache, dass es für eine einzige Aufgabe zwei Möglichkeiten gibt sie konkret durchzuführen:

A) 18 geteilt durch drei kann als Bild so aussehen:

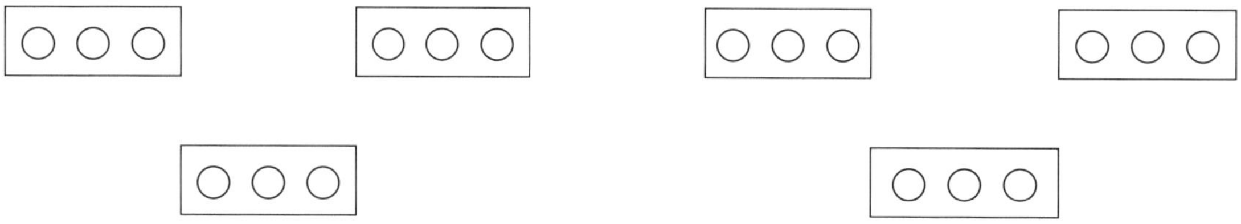

18 eingeteilt in lauter Dreier-Mengen ergibt 6 Mengen. Oder in dem Sprachgebrauch, wie ich ihn eingeführt habe: 6 Schiffchen mit je drei Kugeln (die für alles Mögliche stehen können).

B) 18 geteilt durch drei kann aber auch so aussehen:

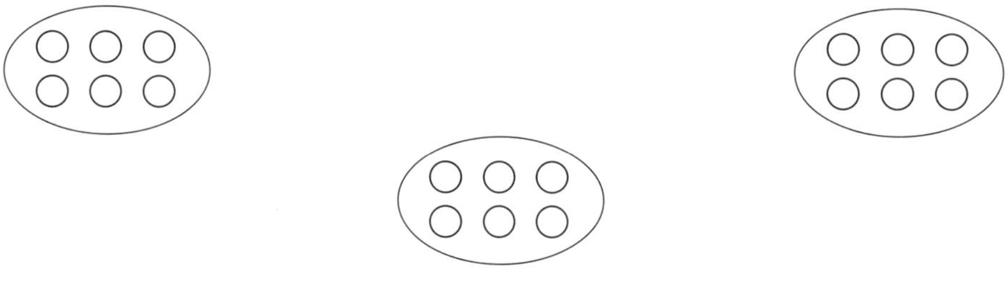

18 verteilt auf drei „Teiche“ ergibt in jedem Teich 6 Kugeln.

Bei der Variante A haben wir 6 Teilmengen zu je 3 Kugeln, bei der Variante B sind es 3 Teilmengen zu je 6 Kugeln.

Auf Arbeitsblatt 35 und 36 wird auf die Symbolisierung durch Teiche und Schiffchen noch verzichtet. Es wird noch ganz konkret gezeichnet, um erst einmal wieder Bilder zu schaffen.

Zur Aufgabenstellung geteilt durch 3
Beim Einführen der Teilungsaufgaben wird absichtlich auf alle Einmaleinsreihen zurückgegriffen, weil es hier zunächst um das allgemeine Verständnis geht. Würde man sich auf Teilungen aus der Zweierreihe beschränken (die als erste „echt" gelernt wird), bestünde die Gefahr, dass mechanisch gearbeitet und nicht verstanden wird.

Kinder, die das Prinzip des Teilens und den Unterschied zwischen Teichen und Schiffchen verstanden haben, können zeichnend und handelnd Aufgaben aus allen Einmaleinsreihen bewältigen.

2 Versionen
Das Arbeitsblatt 35 liegt in zwei Versionen vor: Die zweite Aufgabenstellung enthält einmal Euro, in der zweiten Version enthält sie Schweizer Franken.

Arbeitsblatt 37 bis 39

Vor Abgabe des Arbeitsblattes sollte eine Beispielaufgabe gemeinsam gelöst werden. Um die Aufgabe 28 : 4 gemeinsam an der Wandtafel oder auf dem Fußboden zu lösen, wird folgendes Material benötigt:

- Zwei Mengen von je 28 Perlen oder Rechenplättchen
- Zwei große Karten mit der Aufgabenstellung 28 : 4 = ______
- Vier „Teiche": zum Beispiel große Kreise oder Ellipsen aus blauem A4-Tonpapier ausgeschnitten
  Ich nehme ovale blaue Tonpapierstücke und lege sie auf ein grünes Tuch. Sie stellen Teiche auf einer Wiese dar. Diese Darstellung ist für die Kinder hilfreich, um ein Bild im Kopf aufzubauen. Bei „geteilt durch 4" sind vier Teiche nötig.

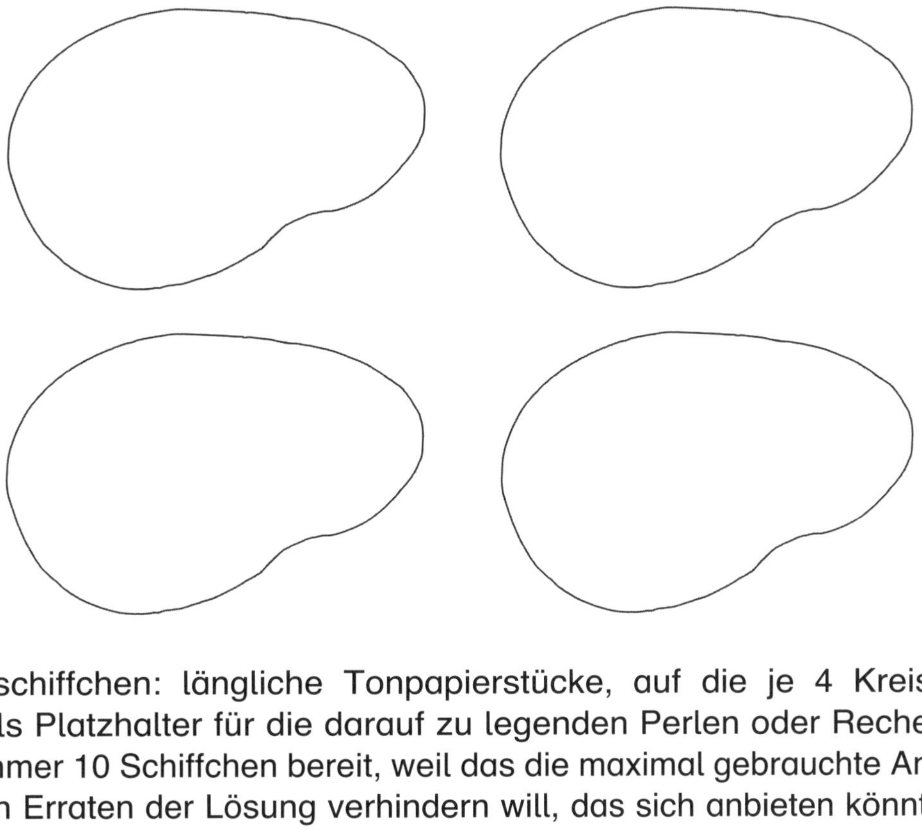

- 10 Viererschiffchen: längliche Tonpapierstücke, auf die je 4 Kreise gezeichnet sind als Platzhalter für die darauf zu legenden Perlen oder Rechenplättchen. Ich lege immer 10 Schiffchen bereit, weil das die maximal gebrauchte Anzahl ist und weil ich ein Erraten der Lösung verhindern will, das sich anbieten könnte, wenn die genau richtige Menge an Schiffchen bereitgelegt wird.

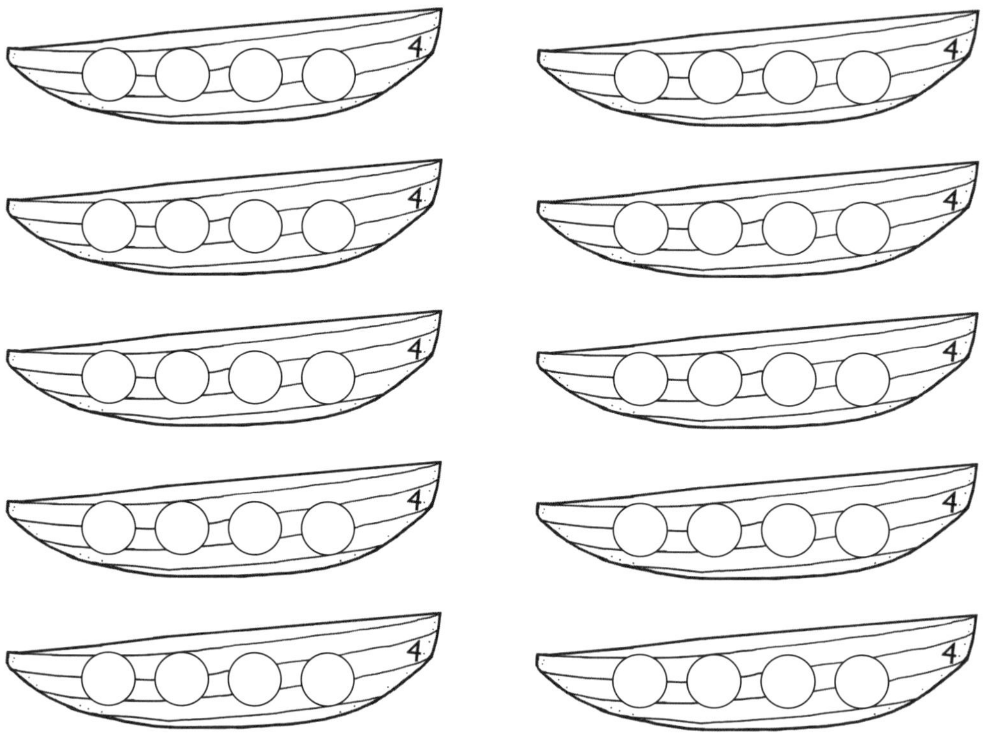

- Tafelmagnete, Klebestreifen und magnetische Rechenplättchen, falls an der Wandtafel gearbeitet wird

Vorgehen:

Verteilen auf vier Teiche

Eine Menge von 28 Perlen soll auf die vier Teiche verteilt werden.

Der Reihe nach werden einige Kinder aufgerufen. Eines der Kinder nimmt vier Perlen von dem Haufen mit 28 Perlen und verteilt sie reihum auf die vier Teiche. Dann ist das nächste Kind an der Reihe. Das geht so lange, bis alle Perlen verbraucht sind.

Das Ergebnis wird in die Aufgabenkarte eingetragen und ist für alle sichtbar: Wir sehen ein grünes Tuch mit vier blauen Tonpapier-Teichen. In jedem Teich liegen 7 Perlen.

Einteilen in lauter Vierer-Schiffchen

28 Perlen und 10 Viererschiffchen liegen bereit. Die 28 Perlen sollen auf Viererschiffchen verteilt werden.

Wieder werden der Reihe nach einige Kinder aufgerufen. Das erste Kind nimmt ein leeres Viererschiffchen und füllt es, indem es in jeden Kreis eine Perle legt. Das nächste Kind nimmt das zweite Schiffchen und verfährt genauso. Das wird so lange fortgesetzt, bis alle Perlen verbraucht sind.

Das Ergebnis wird in die Aufgabenkarte eingetragen und ist für alle sichtbar: Wir sehen 7 gefüllte Viererschiffchen.

Auf dem Boden liegen nun zwei verschiedene Darstellungen der Aufgabe 28 : 4 = 7.

Bearbeiten des Arbeitsblattes 37

Die Kinder sollen die Aufgabe 28 : 7, die bereits gemeinsam am Boden gelegt und gelöst wurde, selbstständig und nur noch zeichnerisch lösen.

Auf der linken Hälfte des Blattes mit den vier Teichen wird jeweils eine Kugel durchgestrichen und in einen Teich gemalt. Das geht reihum solange, bis alle Kugeln aufgebraucht sind.

Tipp zur besseren Übersichtlichkeit:
Ich lasse die Kinder für jede Viererrunde eine andere Farbe nehmen. Das erleichtert die Orientierung und zwingt zu langsamerem und genauerem Arbeiten als wenn nur im Schnelldurchgang die Kugeln in die Teiche gemalt werden.

Auf der rechten Hälfte des Blattes geht es um das Füllen der Schiffchen. Alle Kinder haben ein Blatt mit Viererschiffchen (Vorlage Seite 131). Sie schneiden eines aus, legen es auf das Arbeitsblatt und füllen es auf folgende Weise: Eine Kugel auf dem Arbeitsblatt durchstreichen und im Schiffchen anmalen, eine weitere Kugel durchstreichen und im Schiffchen anmalen usw. Ist ein Schiffchen voll, kommt das nächste dran.

Auch hier lasse ich die Kinder die Farben wechseln: Für jedes Schiffchen soll eine andere Farbe genommen werden.

Zum Schluss werden die gefüllten und ausgeschnittenen Schiffchen auf der rechten Hälfte des Blattes eingeklebt.

Man kann auch mit den Kindern Plastilin-Schiffchen basteln mit kleinen Vertiefungen für die Perlen und einem kleinen mit der Zahl beschrifteten Segel um anzugeben, um was für ein Schiffchen es sich handelt.

Arbeitsblatt 37 bis 39

Diese Arbeitsblätter werden bearbeitet wie Seite 125-127 beschrieben. Nach diesen Mustern können beliebig viele weitere Blätter angefertigt werden.

Arbeitsblatt 40 und 41

Die Blätter enthalten Rechengeschichten zu Teilungsaufgaben aus verschiedenen Einmaleinsreihen. Was auf den Blättern 37 bis 39 nur an Zahlen geübt wurde, soll hier im Zusammenhang mit einer Sachaufgabe angewendet werden.

Arbeitsblatt 42, 43 und Vorlage

Die Arbeitsblätter enthalten Tabellen zum Ausfüllen. Mit der Blankovorlage von Seite 142 können Lehrperson und Kinder weitere solche Aufgaben selbst zusammenstellen.

Name:	Datum:	35 EU

Geteilt durch 3 – eingeteilt in lauter Dreier-Schiffchen

1.) Nach der Schule räumt die Lehrerin auf. Einige Kinder helfen ihr dabei. Die Lehrerin gibt jedem Kind 3 Gummibärchen. Sie braucht 18 Gummibärchen.
Wie viele Kinder haben ihr geholfen?

●●●○○○○○○○○○○○○○○○

Die Kugeln sollen Gummibärchen sein. Gib immer drei Gummibärchen her, bis alle weg sind. Du musst noch Kinder dazumalen:

○○○

Rechnung: ______________________________

Antwort: ______________________________

2.) Otto bekommt von seiner Oma 12 Euro. Er überlegt sich: Wenn ich mir jeden Tag für 3 Euro ein Eis kaufe, **wie lange reicht dann mein Geld?**

●●●○○○○○○○○○

Die Kugeln sollen 1-Euromünzen sein. Male so viele Eisbecher, bis alle Euro verbraucht sind:

1 Eis

○○○

Rechnung: ______________________________

Antwort: ______________________________

Name:	Datum:	35 (CH)

Geteilt durch 3 – eingeteilt in lauter Dreier-Schiffchen

1.) Nach der Schule räumt die Lehrerin auf. Einige Kinder helfen ihr dabei. Die Lehrerin gibt jedem Kind 3 Gummibärchen. Sie braucht 18 Gummibärchen.
Wie viele Kinder haben ihr geholfen?

● ● ● ○ ○ ○ ○ ○ ○ ○ ○ ○ ○ ○ ○ ○ ○ ○

Die Kugeln sollen Gummibärchen sein. Gib immer drei Gummibärchen her, bis alle weg sind. Du musst noch Kinder dazumalen:

○ ○ ○

Rechnung: ______________________________

Antwort: ______________________________

2.) Otto bekommt von seiner Oma 12 Franken. Er überlegt sich: Wenn ich mir jeden Tag für 3 Franken ein Glacé kaufe, **wie lange reicht dann mein Geld?**

● ● ● ○ ○ ○ ○ ○ ○ ○ ○ ○

Die Kugeln sollen 1-Fränkler sein. Male so viele Glacébecher, bis alle Franken verbraucht sind:

1 Eis

○ ○ ○

Rechnung: ______________________________

Antwort: ______________________________

Name:	Datum:	36

Geteilt durch 3 – verteilt auf drei Teiche

1.) Frau Gebhard hat 21 Tulpen, die sie auf 3 Vasen verteilt.
Wie viele Tulpen kommen in jede Vase?

○ ○

Die Kugeln sollen Tulpen sein. Male immer der Reihe nach in jede Vase eine Tulpe, die du oben wegstreichst. Mache das so lange, bis alle Tulpen verbraucht sind.

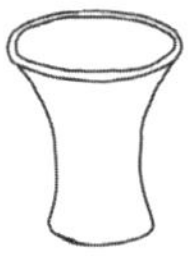 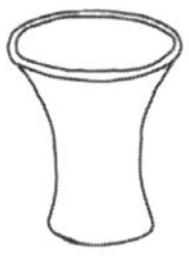 

Rechnung: ______________________________

Antwort: ______________________________

2.) Fritz, Lisa und Marie blasen Luftballons für das Geburtstagsfest auf. 15 Ballons hat die Mutter gekauft. Alle 3 Kinder dürfen gleich viele aufblasen.
Wie viele Luftballons bläst jeder auf?

○ ○ ○ ○ ○ ○ ○ ○ ○ ○ ○ ○ ○ ○ ○

Die Kugeln sollen Luftballons sein. Verteile die Luftballons reihum auf die 3 Kinder. Streiche die Ballons durch, die du genommen hast. Mache weiter, bis alle Ballons weg sind.

Rechnung: ______________________________

Antwort: ______________________________

Vorlage Viererschiffchen (zum handelnden Rechnen für Arbeitsblatt 37)

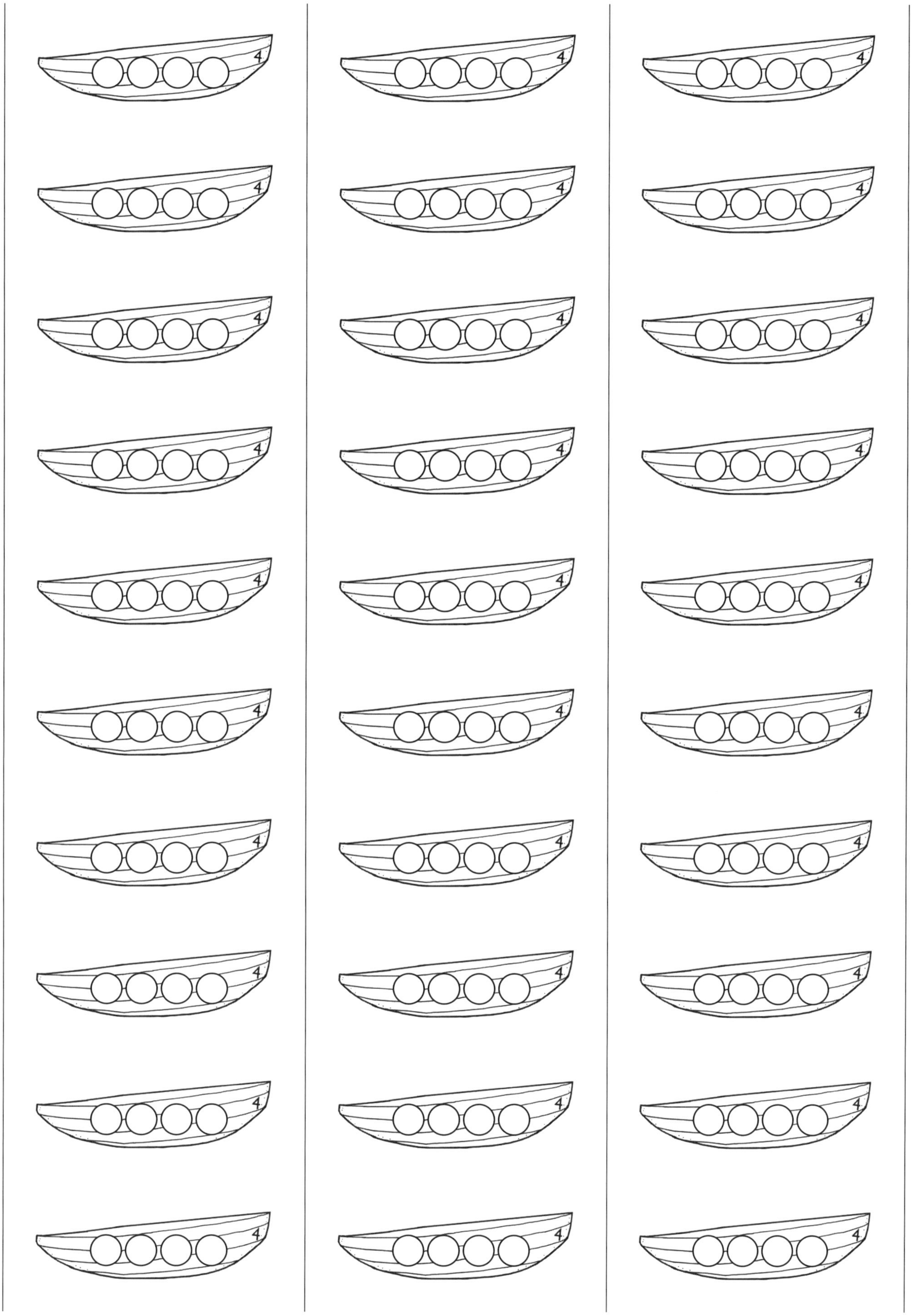

Vorlage Schiffchen für verschiedene Einmaleinsreihen

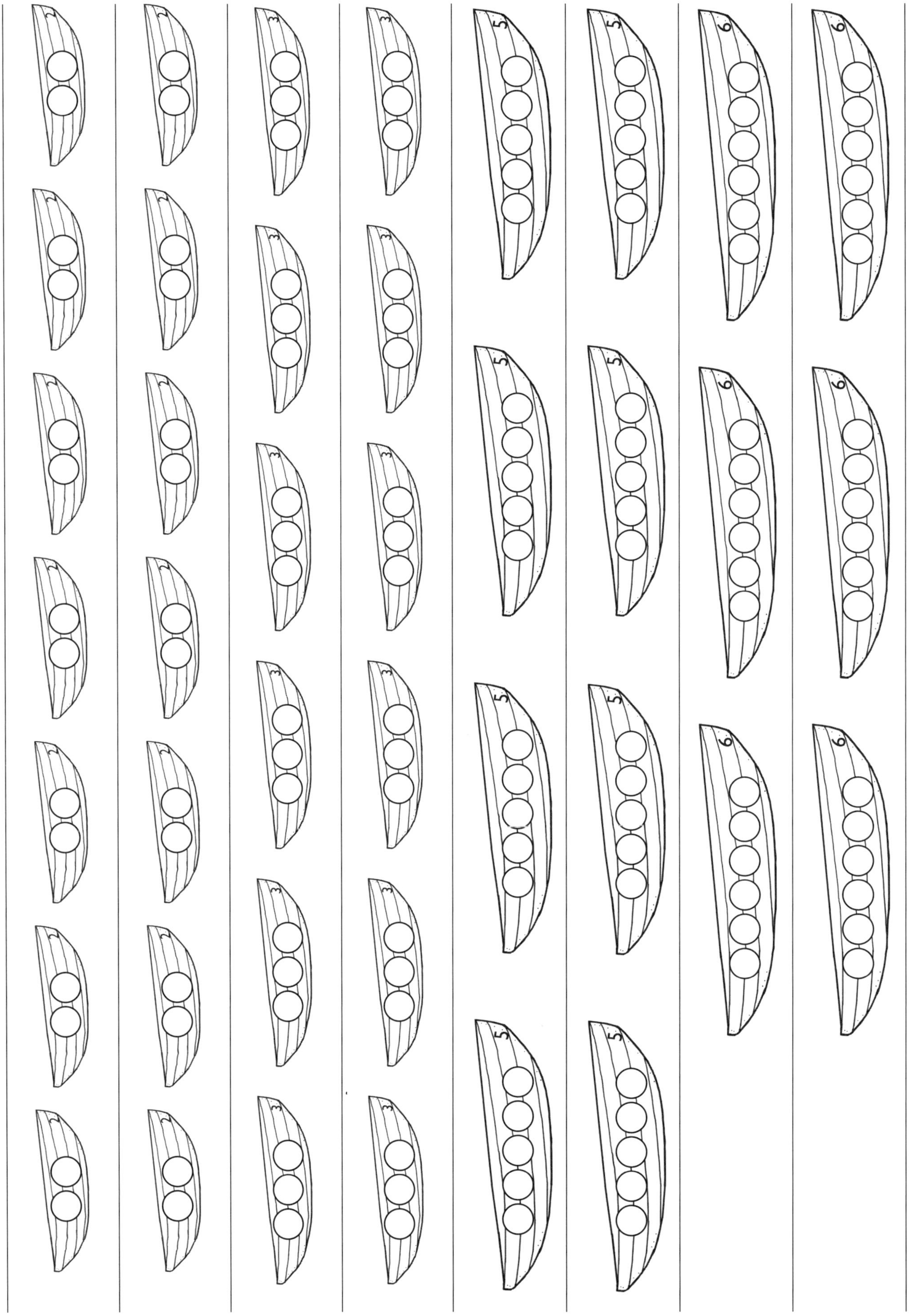

Fortsetzung Vorlage Schiffchen

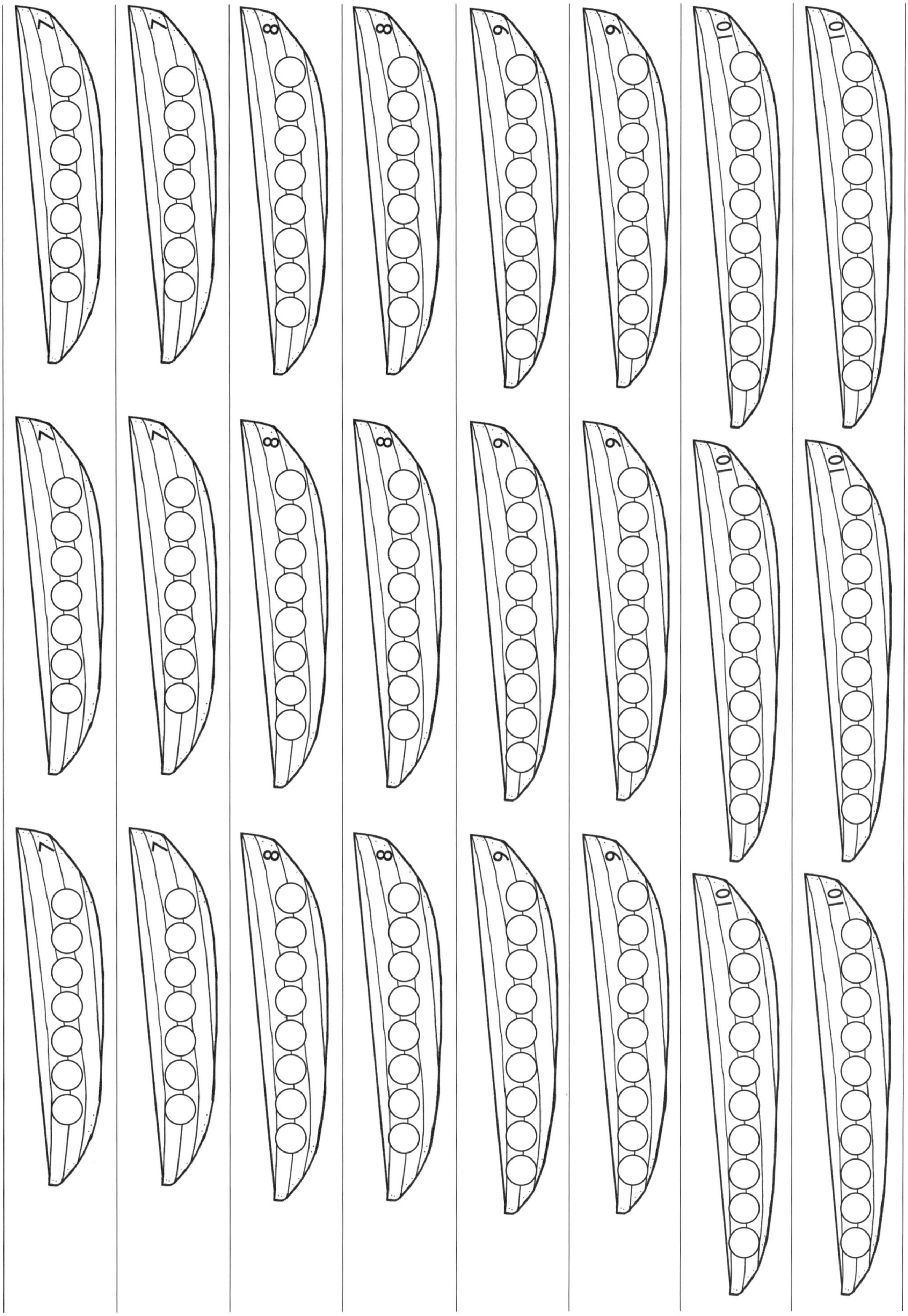

Name:	Datum:	37

Teilen auf zwei Arten

28 : 4 = ______

Teiche	Schiffchen
○○○○○○○○○○ ○○○○○○○○○○ ○○○○○○○○	○○○○○○○○○○ ○○○○○○○○○○ ○○○○○○○○

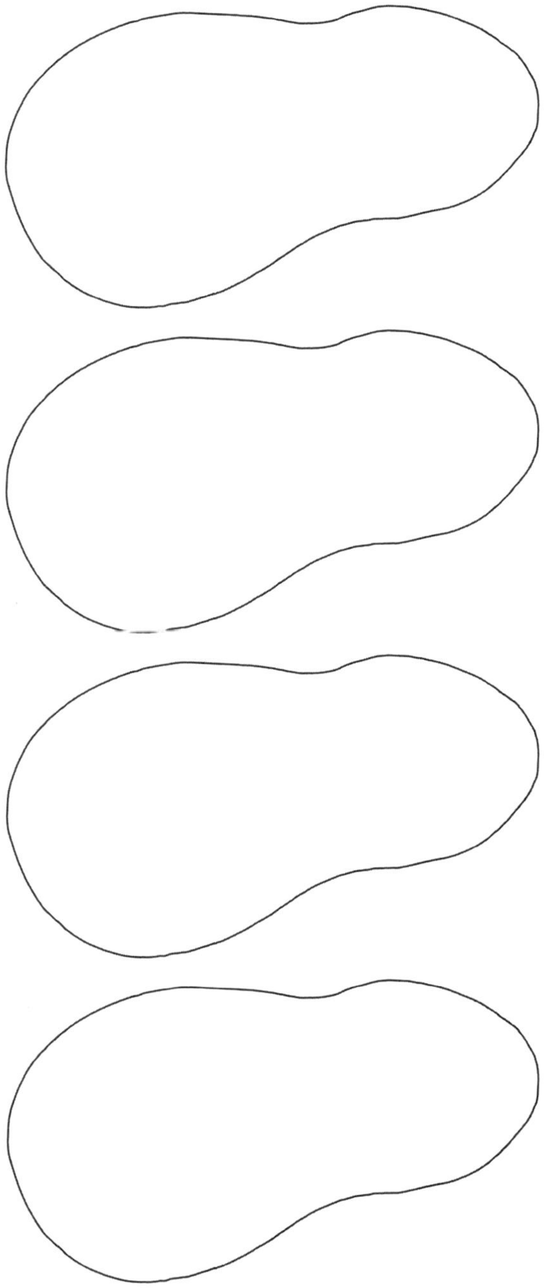

Name:	Datum:	38

Teilen auf zwei Arten

$32 : 8 =$ ________

Teiche	Schiffchen

Name:	Datum:	39

Teilen auf zwei Arten

$35 : 7 =$ ________

Teiche

Schiffchen

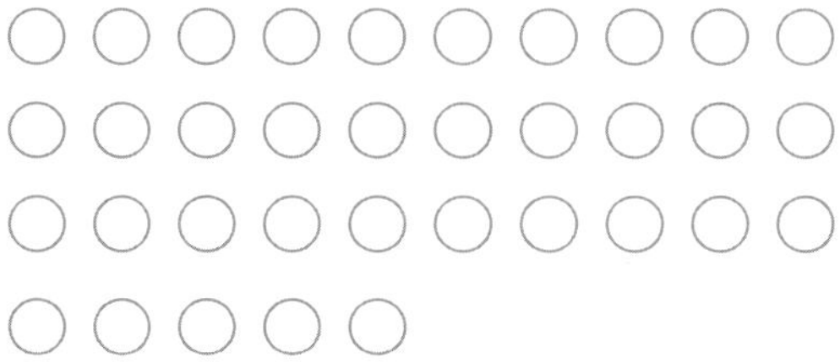

Name:	Datum:	40

Teiche oder Schiffchen?

Musst du mit Teichen oder mit Schiffchen rechnen?
So gehst du vor:

A) Schreibe in das Kästchen neben der Aufgabe ein T für Teich oder ein Sch für Schiffchen.

B) Schneide die Aufgaben aus und klebe sie ins Heft. Male und rechne dazu.

	Tante Carla holt Blumen aus dem Garten, 18 Rosen. Sie stellt in jede der 3 Vasen gleich viele Rosen. Wie viele Blumen sind in jeder Vase?	
	Tina und Markus verzieren Eisbecher mit Schokolinsen. Insgesamt haben sie 32 Schokolinsen. Sie verteilen sie auf 8 Eisbecher. Wie viele Schokolinsen sind auf jedem Eisbecher?	
	Frau Konrad hat ein Restaurant. Sie kauft im Blumenladen 24 Tulpen. Auf jeden Tisch in ihrem Lokal möchte sie eine Blumenvase mit 3 Tulpen stellen. Wie viele Tische sind es?	
	Omas Katze hat Junge bekommen, 5 Stück. Rita und Toni kaufen für die kleinen Katzen insgesamt 15 Spielmäuse. Wie viele Mäuse bekommt eine Katze?	
	Frau Werner steckt Blumenzwiebeln in Töpfe. Sie hat 20 Zwiebeln und steckt in jeden Topf 4. Wie viele Töpfe kann sie bepflanzen?	
	Herr Dujak pflanzt Büsche im Garten. Er hat 24 Büsche gekauft. An jede der 4 Seiten des Gartenzauns pflanzt er gleich viele Büsche. Wie viele Büsche stehen an jeder Seite?	

Name:	Datum:	41

Märchenhafte Aufgaben

Musst du mit Teichen oder Schiffchen rechnen? So gehst du vor:

A) Schreibe in das Kästchen neben der Aufgabe ein T für Teich oder ein Sch für Schiffchen.

B) Schneide die Aufgaben aus und klebe sie ins Heft. Male und rechne dazu.

1.) Die 4 Prinzessinnen gehen auf die Wiese, um nach Fröschen zu suchen. Sie haben nämlich gehört, dass durch einen Kuss ein Frosch in einen Prinzen verwandelt werden kann. Die Prinzessinnen finden 20 Frösche und teilen diese gerecht unter sich auf.
Wie viele Frösche küsst jede Prinzessin?

2.) Ali Baba und seine 40 Räuber kommen in ihre Schatzhöhle und wollen dort abladen, was sie bei ihrem letzten Raubzug erbeutet haben. Sie bringen 35 riesige Diamanten mit, jeder ist so groß wie ein Hühnerei. Diese Diamanten wollen sie in leeren Krügen verstecken. In einem Krug haben 5 Diamanten Platz.
Wie viele Krüge brauchen sie?

3.) Die böse Hexe lockt mit ihrem Lebkuchenhaus im Wald Kinder an, die sie dann in den Backofen schiebt. Dort werden die Kinder zu riesigen Lebkuchen gebacken. 32 Lebkuchenkinder hat die Hexe schon. Aus ihnen will sie einen Gartenzaun machen. Jeden Tag stellt sie 8 Lebkuchenkinder auf.
Wie viele Tage braucht sie, bis sie alle 32 Kinder im Garten aufgestellt hat?

4.) Schneewittchen bäckt für die Zwerge Kekse. Doch als es das Blech aus dem Ofen zieht, sind einige verbrannt. Schneewittchen hat nur noch 15 Kekse.

a) Für wie viele Zwerge reichen diese, wenn jeder Zwerg 3 Kekse bekommen soll?

b) Schneewittchen ist unglücklich, denn es möchte jedem Zwerg Kekse geben. Hast du eine Idee, was es tun könnte?

Name:	Datum:	42

Einmaleins-Tabellen

Du kannst die Ergebnisse der Tabellen mit Hilfe von Bausteinen, Ästediagrammen oder dem Hunderter-Punktefeld ermitteln.

1.)

•	7	3	6
4			
8			
2			

2.)

•	5	4	8
3			
9			
4			

3.)

•	5	2	7
8			
9			
3			

4.)

•	4	8	5
3			
6			
2			

5.)

•	3	9	2
2			
5			
6			

6.)

•	4	7	2
6			
4			
8			

Name:	Datum:	43

Tabellen für Pfiffige

Hier musst du scharf überlegen. Gelingt es dir, die Tabellen zu vervollständigen?

1.)

•	4	8	5
	8		
		24	
			20

2.)

•	7	3	6
	14		
		9	
			30

3.)

•			
5		40	
6			12
3	27		

4.)

•		5	
9			72
		35	
2	6		

5.)

•		2	6
		10	
9	63		
			18

6.)

•		6	
4			
			40
7	14		35

Name:	Datum:	

Einmaleins-Tabellen

1.)

•			

2.)

•			

3.)

•			

4.)

•			

5.)

•			

6.)

•			

Lösungen

Arbeitsblatt 2 (Seite 14)

Bruno bekommt am Montag **4** Löffel Honig,
am Dienstag **6** Löffel Honig,
am Mittwoch **10** Löffel Honig,
am Donnerstag **8** Löffel Honig.

Arbeitsblatt 7 (Seite 27)

Insgesamt sind es **12** Krähen.
Es sind insgesamt **15** Zitronen.
Die Zwergenmama hat **12** Mäuse gezählt.
Es sind **20** Schnecken.
Die Zwergenkinder brauchen an einem Tag **40** Salatblätter,
an 2 Tagen **80** Salatblätter,
in einer ganzen Woche **280** Salatblätter.

Arbeitsblatt 11 (Seite 39)

7 mal 2 = 14
4 mal 2 = 8
6 mal 2 = 12
8 mal 2 = 16
3 mal 2 = 6
9 mal 2 = 18

Arbeitsblatt 30 (Seite 117)

Die eine Gruppe hat am Schluss immer eine Null.
Die andere Gruppe hat am Schluss immer eine 5.
Warum? Weil eine 5 und noch eine 5 immer 10 ergibt.

Arbeitsblatt 33 (Seite 122)

Die Zahlen haben alle eine 0 am Schluss.
Die Zahlen mit 0 am Schluss kommen auf beiden Blättern vor.
Die orangen Zahlen enden niemals auf 5.
Es sind nur Zehnerzahlen, diese hören alle mit 0 auf.

Arbeitsblatt 35 (Seite 128)

1.) 18 : 3 = 6
6 Kinder haben geholfen.

2.) 12 € : 3 € = 4 bzw.
12 Fr. : 3 Fr. = 4
Otto kann sich 4 Eisbecher kaufen.

Arbeitsblatt 36 (Seite 130)

1.) 21 : 3 = 7
In jede Vase kommen 7 Tulpen.

2.) 15 : 3 = 5
Jedes Kind bläst 5 Luftballons auf.

Arbeitsblatt 40 (Seite 137)

1.) T 18 : 3 = 6
In jeder Vase sind 6 Blumen

2.) T 32 : 8 = 4
Auf jedem Eisbecher sind 4 Schokolinsen.

3.) Sch 24 : 3 = 8
Im Restaurant sind 8 Tische.

4.) T 15 : 5 = 3
Jede Katze bekommt 3 Spielmäuse.

5.) Sch 20 : 4 = 5
Frau Werner kann 5 Töpfe bepflanzen.

6.) T 24 : 4 = 6
An jeder Seite stehen 6 Büsche.

Arbeitsblatt 41 (Seite 138)

1.) T 20 : 4 = 5
Jede Prinzessin küsst 5 Frösche.

2.) Sch 35 : 5 = 7
Die Räuber brauchen 7 Krüge.

3.) Sch 32 : 8 = 4
Die Hexe braucht 4 Tage.

4a.) Sch 15 : 3 = 5
Die Kekse reichen nur für 5 Zwerge.

4.b) Schneewittchen könnte die Kekse gleichmäßig auf die 7 Zwerge aufteilen.

So gehen die Kinder vor: Immer 1 Keks abstreichen und zu einem Zwerg zeichnen. Das macht Schneewittchen so lange, bis alle Kekse weg sind. Aber Halt! Der erste Zwerg hat dann 3 Kekse, alle anderen haben nur 2! Schneewittchen kann einen Keks selbst essen, dann ist der Rest gerecht verteilt. Und noch etwas: Aus einer Schiffchen-Aufgabe (immer 3 Kekse) ist jetzt eine Teich-Aufgabe geworden: Reihum verteilen auf 7 Zwerge.

Arbeitsblatt 42 (Seite 139)

1.)

·	7	3	6
4	28	12	24
8	56	24	48
2	14	6	12

2.)

·	5	4	8
3	15	12	24
9	45	36	72
4	20	16	32

3.)

·	5	2	7
8	40	16	56
9	45	18	63
3	15	6	21

4.)

·	4	8	5
3	12	24	15
6	24	48	30
2	8	16	10

5.)

·	3	9	2
2	6	18	4
5	15	45	10
6	18	54	12

6.)

·	4	7	2
6	24	42	12
4	16	28	8
8	32	56	16

Arbeitsblatt 43 (Seite 140)

1.)

·	4	8	5
2	8	16	10
3	12	24	15
4	16	32	20

2.)

·	7	3	6
2	14	6	12
3	21	9	18
5	35	15	30

3.)

·	9	8	2
5	45	40	10
6	54	48	12
3	27	24	6

4.)

·	3	5	8
9	27	45	72
7	21	35	56
2	6	10	16

5.)

·	7	2	6
5	35	10	30
9	63	18	54
3	21	6	18

6.)

·	2	6	5
4	8	24	20
8	16	48	40
7	14	42	35

Literatur

Buchner, Christina: Neues Rechnen, Neues Denken. VAK Kirchzarten 1999

Buchner Christina: BrainGym und Co. VAK Kirchzarten 1997

Weinschenk, Curt: Rechenstörungen. Huber Bern 1975

Wittmann / Müller: Handbuch rechenpraktischer Übungen. Klett Stuttgart 1991